青少年综合素质培养课

青少年

能力培养课

记忆

杜兴东 编著

全球经典的品质培养成长书系之一

你的人生第一课

北京出版集团
北京出版社

图书在版编目(CIP)数据

青少年能力培养课．记忆／杜兴东编著．— 北京：
北京出版社，2014.1
(青少年综合素质培养课)
ISBN 978 - 7 - 200 - 10290 - 1

Ⅰ．①青… Ⅱ．①杜… Ⅲ．①青少年—能力培养
Ⅳ．①G421

中国版本图书馆 CIP 数据核字(2013)第 282113 号

青少年综合素质培养课
青少年能力培养课 记忆
QING-SHAONIAN NENGLI PEIYANGKE JIYI
杜兴东 编著

*

北 京 出 版 集 团
北 京 出 版 社 出版

(北京北三环中路 6 号)
邮政编码：100120

网 址：www．bph．com．cn
北 京 出 版 集 团 总 发 行
新 华 书 店 经 销
三河市同力彩印有限公司印刷

*

787 毫米×1092 毫米 16 开本 12 印张 170 千字
2014 年 1 月第 1 版 2023 年 2 月第 4 次印刷
ISBN 978 - 7 - 200 - 10290 - 1
定价：32.00 元
如有印装质量问题，由本社负责调换
质量监督电话：010 - 58572393
责任编辑电话：010 - 58572303

前　言

　　上个世纪末，《成都商报》曾报道过这样一个教育的成功例子：包括哈佛大学在内的 4 所美国名牌大学同时录取了 18 岁成都女孩刘亦婷，并免收每年高达 3 万多美元的学习和生活费用。这 4 所美国名牌大学分别是：大名鼎鼎的哈佛大学、哥伦比亚大学、威尔斯利学院和蒙特豪里尤克学院。

　　威尔斯利学院是美国总统夫人希拉里、国务卿奥尔布赖特及宋美龄、冰心等名人的母校；哥伦比亚大学和蒙特豪里尤克学院也都是世界一流的高等学府，每年申请入学者如过江之鲫，就连美国本土的学生也很难考上。至于报考世界顶尖级的哈佛大学，更是被"留学指南专家"叹之为"难于上青天"的事情。

　　刘亦婷怎么能够取得如此让人骄傲的成绩呢？这其中很大的原因要归功于她超强的记忆力。

　　俄国科学家谢切诺夫说过：一切智慧的根源都在于记忆。《哈佛女孩刘亦婷》一书中介绍刘亦婷的记忆方法，先把内容背到刚能够背出来，记下大概的时间，比如是 60 分钟，那就再用 30 分钟的时间熟练巩固。这对以后的快速复习回忆非常有帮助。

　　另外，刘亦婷提到一个提高记忆力的原理，学得越多，记得越快。因为知识本身和人的思维本身作为一个不可分割的整体的体系，各部分之间都是紧密相连、相互渗透的，知识体系本身就具有自由联想的结构，知识点形成不同的联想结点，构成一个立体四维网络，越多的知识结点的建立，就会使我们对整个知识网的把握和记忆、理解更加容易，使知识网更加坚固，使任意两个知识点之间的路径更加多样化、丰富，因此从一个知识点转向另一个知识点也就更加迅速快捷。

这里有一个原理：学的越多就学得越快、记得更好。如果只是单纯记忆一些无意义的数字和词语，那么即便每天只让你记忆10个，你也是记了今天的，忘了昨天的。可如果让你记忆一段音乐、动画或故事情节，你会快速而牢固地记住。因此，不是说记得越少，就记得越快越牢，很多时候是记忆的知识越多，也就形成越完善的整体，也就记得越快越牢。人之所以能记住故事、音乐，是这些资料都是成为体系的有机整体，就像记忆图画那样，人是很容易记牢的。一个网络并不是结点越少就越轻便好使，而是结点越丰富，尽管拿起来有点重，但是效率和效果更佳。我们很多时候都简单地理解为，只要一天到晚读一本书，就可以把这本书记得快又牢，然而生活中很多事情是"功夫在戏外"或者"走弯路比走直路更快"。思维就是这样，很多事情如果我们开个会，来直接研究这个问题，往往没有结论，在自由联想中不知绕了几百个弯，突然绕出一个灵感，绕了很久才绕回到主题，但是一下子茅塞顿开，看起来好像是一直在无边无际、不着调地联想，在跑题，但是猛然间就回到了主题，并且经过这么一绕，一下就明白了问题、解除了疑惑。知识体系这种东西跟思维密切相关，说白了，所谓的知识体系，不过是人类思维的结果，当然是在实践的基础上。而且任何知识体系的发现、研究、表述、整理、分类都离不开语言和数学符号，而语言和同样作为语言的数学符号等，都是直接与思维紧密相连的。

所以知识、新概念、新发现的诞生，都离不开人类对所发现的自然或人工现象的整理、综合、分类、分析、联想等思维。

"记忆是智慧之母"，希腊诗人阿斯基洛斯的这一至理名言流传至今。

没有记忆，人就无法学习和生活，记忆也是任何学习、教育的必要条件，这一点对青少年尤为重要。由于青少年所学的知识都是系统的、有联系的，如果对前面所学的概念、公式、定理没记住，则后面的知识就很难理解和掌握。有了记忆，我们才能积累知识；有了记忆，我们才能把前后的知识联系起来，才能不断地加深对知识的认识，才能获得系统的知识，提高学习效率，取得好的成绩。

尽管你不是天才，但你仍然可以拥有天才的记忆力。原因很简单，记忆是有规律可循的，只要你掌握了正确的记忆方法，自然而然地，你就会成为记忆天才。如今死记硬背的记忆方法已经过时了，我们需要通过一系列有效的训练方法，对记忆产生兴趣，这样才能提高你的记忆效率，看到成果。

1991 年，"世界记忆大师"多米尼克·奥布莱恩成为首届世界记忆锦标赛冠军，并创下新的世界纪录。此后 11 年间，奥布莱恩共 8 次卫冕成功，稳居冠军宝座。他可以用 38 秒记住一副扑克牌的顺序，用 30 分钟记住 2385 个随机产生的数字，用 1 个小时记住元素周期表上 110 种元素的原子序数、元素符号、元素类别和精确到 4 位小数的原子量……

读到这里，你可能会以为多米尼克从小就是记忆天才，然而事实上，多米尼克从小就患有"阅读障碍症"以及"注意缺陷障碍症"，记忆和阅读都有困难。

奥布莱恩的例子告诉我们：天才之所以是天才，就是他具有非常人的能力。但天才不等于天生之才，他们只是像奥布莱恩一样，虽没有天赋，却懂得如何把自己的潜能发挥到极致。

可见，只要挖掘出记忆潜能，提升记忆力，你也可以成为奥布莱恩那样的记忆天才，也可以像他那样获得精彩的人生。

而对于青少年来说，作为 21 世纪市场竞争的主力军，必须了解社会发展的方向，从现在就开始意识到自己面临的考验。我们要知道当今世界的知识的两大特点：一是积累多，知识量大，多得叫人眼花缭乱，目不暇接；二是增长快，发展快，快得千变万化，日新月异。在现代社会中，每个人获取知识的多少很大程度上取决于个人的记忆能力。

因此，我们应该意识到，记忆不仅仅是在学校里学习要做的事，它关系到你的一生能否有所成就。优胜劣汰是一个自然法则，现代社会竞争会越来越激烈，我们要更好地赢得人生，就必须从现在起努力提升自己的记忆力，为积累知识、参与竞争、迈向成功人生做好准备。

目 录

第一章　记忆是智慧之母 / 1

记忆的 3 种类型 / 2

找对自己的记忆天赋 / 4

损害记忆的因素 / 6

记忆力好坏的标准 / 9

遗忘的规律 / 10

适当的遗忘是有益的 / 13

进行有效的训练 / 15

第二章　只要你想，便能做到 / 17

惊人的大脑储藏量 / 18

谁善于留心，谁就善于记忆 / 21

有目的性地展开记忆 / 23

哪里没有兴趣，哪里就没有记忆 / 25

天才，首先是注意力 / 26

决心记住便能记住 / 28

第三章　通向记忆的捷径 / 31

一切知识，不过是记忆 / 32

提升学习的效能 / 34

找到事半功倍的记忆路径 / 35

改变思维惯性的轨迹 / 37

第四章　思维是记忆之源 / 41

思维训练无处不在 / 42

思考的力量 / 44

另类思维的创造性 / 46

千言万语不及一张"图" / 48

创造力高于智力 / 51

创新思维：让惊奇不断 / 53

发散思维：让思路更广阔 / 55

逆向思维：反常规而行 / 57

联想思维：在事物间找到关联性 / 59

形象思维：让大脑与万物间产生"通感" / 62

第五章　高效能记忆的方法 / 65

根据生理特点找准记忆频道 / 66

学会细致的观察 / 68

让记忆达到滚瓜烂熟的程度 / 69

学而时习之 / 71

让不同的记忆频率交替进行 / 73

记忆内容分出主次 / 76

第六章　培养良好的记忆习惯 / 79

好记忆习惯中来 / 80

不求甚解是记忆的大忌 / 82

以愉快心情学得的，会永远记着 / 84

多给记忆一些正面的肯定 / 86

对记忆材料进行总结归纳 / 89

第七章　积极开发右脑 / 91

右脑的功能 / 92

左右脑同时并用 / 93

启动右脑记忆模式 / 95

由此及彼的联想记忆 / 97

联结是形象记忆的关键 / 99

以声助记法 / 102

记忆对荒诞的事物更为着迷 / 104

善用比喻，增强记忆 / 108

调动各种器官有助记忆 / 110

照相记忆，生成清晰图像 / 112

把身边的事物编上代码 / 115

第八章　促进记忆的 4 种因素 / 119

驾驭好学习的环境 / 120

不动笔墨不读书 / 122

色彩是有助于大脑的营养素 / 125

音乐是走向记忆仓库的高速路 / 127

第九章　高效阅读的 8 个方法 / 131

如何进行跳跃式的阅读 / 132

爱因斯坦的读书法 / 133

扫描速读法 / 135

线式阅读法 / 138

程序阅读法 / 140

面式阅读法 / 142

导引阅读法 / 144

计时阅读法 / 146

第十章　各门学科知识的记忆运用 / 149

如何更好地掌握英语知识 / 150

如何更好地掌握语文知识 / 152

如何更好地掌握数学知识 / 155

如何更好地掌握化学知识 / 157

如何更好地掌握历史知识 / 160

如何更好地掌握物理知识 / 164

如何更好地掌握地理知识 / 167

如何更好地掌握政治知识 / 170

第十一章　科学地使用大脑 / 173

遵循大脑的活动规律 / 174

保证适当的睡眠 / 176

合理饮食是记忆力的保障 / 178

第一章

记忆是智慧之母

记忆的 3 种类型

马龙·白兰度曾经在他的自传中清晰地描述他的第一个记忆："我睁开双眼，借着曙光环顾四周，发现厄米还在睡觉，所以我尽自己所能穿好衣服，走下楼梯，每一步都是先迈左脚……"

你的记忆开始于多久以前？一个人能记住几岁时的事情呢？也许在记忆中有幼儿时期的某些片段，而且很清楚，但是你能像马龙·白兰度那样清晰地描述它吗？

记忆的关键在于能否再认、回忆和复做。例如，解答一道选择题，当看完题目之后，答案还没有在头脑中出现，但一看供选择的答案，立刻认出其中有一个是该题的答案。这种感知过的事物出现在眼前时，能够认识它们的现象就叫"再认"。至于经历过的事物不在眼前，也无人提示，但能独立地再现出这一事物的印象，这种现象叫"回忆"。这种情况在学习中比比皆是，如背诵课文、记单词、写化学方程式、使用公式解题，等等。学过的动作，在需要时能准确地重复做出来，叫作"复做"。

根据记忆持续时间的长短和工作方式，可以把记忆分为 3 种：

1. 感觉记忆

每一种感觉记忆都会将感觉刺激的物理表征保持几秒钟或更短的时间。就像电影中的动作本来是间断的，却给人一种连续的感觉，这是由于感觉记忆的原因。前一个动作在我们头脑中还没有消失，后一个动作已经出现了，所以动作看上去是连续的。感觉记忆的内容，如果没有加以注意很快就会消失，如果受到注意，就转入短时记忆。

2. 短时记忆和工作记忆

青少年朋友们可能早已意识到某些记忆只能保存很短的时间，叫短时记忆。例如，给同学打电话时从号码簿上查到电话号码，电话还没接通，号码已记不起来了。研究者把这种记忆类型称为短时记忆。一般，短时记忆持续的时间不超过 1 分钟。短时记忆所能记住的内容（或称短时记忆的容量）为 7±2。这就是说，短时记忆的容量有时为 5，最多不超过 9，大都在 7 左右。这些数字不是简单的数学数字，而是指信息"组块"或单元。如 906547682315 这几个数字，读完后如果立即回忆，那必定难以进行，因为它超过了短时记忆的容量。但如果我们把它断开来读"9065—4768—2315"，回忆起来就比较容易，因为它包括了 3 个信息"组块"。这对我们阅读和学习英语听力都很有启示，在阅读或听外语时，如果能以语意群为信息单位，就可提高我们读和听的速度和记忆效果，便于对内容的理解。关于短时记忆，研究者们把它包含到"工作记忆"这个更宽泛的概念里，当你的短时记忆过程把号码保存在头脑中时，你的工作记忆使你能够执行一定的心理操作来完成有效的搜寻，即人找纸笔把号码记录下来的情形。短时记忆和工作记忆都是可以意识到的，当短时记忆的内容得到复述，就转入长时记忆。

3. 长时记忆

这是个关于"记忆到底能持续多久"的问题，信息保持超过 1 分钟，直至几年甚至更长时间的记忆，就是长时记忆。

长时记忆中的内容，我们并不是时时刻刻都能够意识到的，只有当这些内容从长时记忆转变成短时记忆时，才能被意识到，或者说回忆起来。我们对过去事物的回忆，都是以短时记忆的形式出现的。长时记忆的容量，如果进行足够的复习，从理论上讲，是没有界限的。另外，长时记忆的内容，有时可能受到干扰，想不起来，但以后还能恢复。如我们一时想不起来过去曾见过的某个公式或单词，过一段时间，又能想起来，而短时记忆中的信息一旦受到干扰，也就消失了。

找对自己的记忆天赋

　　记忆遵循着一定的规律而运动。而每个人的记忆素质也不同，一般情况下，记忆素质可以分为3种类型：语音型、图形符号型和混合型。语音型的人学艺术是非常适宜的，而图形符号型的人对图形符号的识记能力特别强，混合型的人则是两方面都很优秀。比如，有的人喜欢借助视觉去记忆——他们总能清晰地想象出书本与笔记本中需记忆的内容，这就说明图形记忆是他的强项；有的人喜欢借助听觉去记忆，有的人移动身体会记忆更好些，这就说明语音记忆是他的强项……

　　我们从古往今来的人们身上来分析他们的记忆素质，以便更好地理解什么是不同的记忆素质。

　　1. 擅长听觉记忆的人

　　唐太宗有一次让宫女罗黑黑隔帷偷听一位西域琵琶名手演奏名曲，随即让她复弹，她竟能演奏得几乎分毫不差，使得那琵琶名手大为震惊；古希腊著名盲诗人荷马，能到处行吟他的巨著《荷马史诗》中的27693行诗句；日本飞鸟时代（公元593—710年）的圣德太子，能同时倾听十几个人的申诉，并能对每个人提出的问题作出恰当的判断和回答。

　　擅长听觉记忆的人，语音记忆能力特别好，学艺术，特别是学唱歌，是非常适宜的。但是，这种人对图形符号的记忆能力比较差，阅读时的记忆效果自然也差。

　　2. 擅长视觉记忆的人

　　建安七子之一的王粲遇碑文，吟诵一遍，即可不忘。唐朝的吴道子，在天宝年间应唐明皇之召，去考察四川嘉陵江的景致。回京复旨时，唐明皇要看他的画稿，他说："我没有勾画稿子，都记在心里了。"后来，吴道子仅用一天时间就把嘉陵江 300 余里的风景活现在画稿上了。

俄国作家契诃夫只要见过一个人一次，就能永远记住这个人的特征，还善于用寥寥数笔把这个人勾画出来。

擅长视觉记忆的人，语音记忆能力不怎么样，但对图形符号的识记能力特别强，有少数人经过训练，有可能达到"过目不忘"的境界，这种人在进行阅读时的效果是非常好的。

3. 擅长嗅觉记忆的人

19 世纪法国的大小说家左拉，具有超常的嗅觉。他对各式的花朵及食品，都能一嗅而正确地分辨出它们的香味来。

4. 擅长记忆数字的人

加拿大的一位 17 岁的学生能记住圆周率至小数点后 8750 位；日本索尼电器公司职员友寄花哲能记住圆周率至小数点后 20000 位；印度 23 岁的斯马赫杰温用 3 小时 39 分钟能记住并背诵 31811 个数字。

5. 擅长记忆动作姿势的人

唐朝的王维有一次在洛阳城里看到一幅《按乐图》，画的是一个乐队在演奏，他仔细观察了一阵子，然后微笑着对旁人说："这幅画描绘的，恰好是《霓裳羽衣曲》演奏到第三叠第一拍。"大家听了以后既诧异又不相信，都说："你怎么知道？这是骗我们的吧？"于是王维请来了一队乐工，叫乐工们演奏《霓裳羽衣曲》。当乐工们演奏到第三叠第一拍时，乐工们的手指、嘴唇在乐器上的位置以及动作和姿势，刚好跟画上描绘的一模一样。大家都信服了。

总之，青少年朋友在记忆时，应该根据自己的记忆素质进行针对性的训练。

损害记忆的因素

记忆力的好坏受许多因素的影响，这些因素包括生理的、心理的以及外界的。

1. 影响记忆力的生理因素

科学家研究表明：影响记忆力的生理因素主要有健康、性别、年龄3种因素。

（1）健康因素

身体与心灵是运作一致、相互影响的。如果身体不舒服，人的情绪就会受到负面影响，并会影响记忆；反之，要是人身体健康，体内一切平衡，人就会觉得心情比较好，一般来说，只要他对生命相当乐观，充满冲劲与活力，他的记忆容量就会不断地增加。

睡眠也是影响健康和记忆的一个重要原因，人的一生有1/3的时间是用来睡眠的，睡眠是人类不可缺少的生理需求。

美国心理学家詹金斯在研究人的睡眠实验中发现，人们在学习后马上睡眠能促进记忆。一个人学习1小时后睡眠，遗忘率为33%，如果坚持8小时不睡，遗忘率达40%；如果长期睡眠不足，其遗忘率就达59%以上。

（2）性别和年龄因素

人的生理发展和记忆力发展，都是有一定特征的，都表现出一定的差异性。不但有年龄方面的特征和差异，也有性别方面的特征和差异。

美国心理学家得出的结论是，女性在语言表达、短时记忆方面优于男性。而男性在空间知觉、分析综合能力，以及实验的观察、推理和历史知识的掌握方面优于女性。

一般地说，女性擅长于强记，男性则倾向于找出某些规律，而后加以归纳记忆。女性能记住那些与自己无关的相互没有联系的事，男性则容易记住那些与自己有关的或相互有联系的事情。

从幼年到青年这一段时间，脑的发展最快，因而，这一阶段应该是一生中记忆力最佳的时期。

研究证明：假定18～35岁的人，其记忆成绩为100，那么35～60岁的人，其记忆的平均成绩约为80～85。

2. 影响记忆力的精神因素

在影响记忆力的因素中，精神因素也是一个十分重要的因素，它甚至比生理因素重要。影响记忆力的精神因素主要包括压力因素和情绪因素两种类型：

（1）压力因素

在我们的生活中，每个人都会有些压力，更何况人除了是一种能"思考的动物"，还是一种"感情的动物"。

假设你在回家途中突然被歹徒持刀抢劫，而且身上值钱的东西被抢走了，那么当你去报案时，你觉得自己能正确描述犯人的长相和特征吗？大体说来，受害者当时的注意力都在那把凶器上，根本不会去观察其他的事情。也就是说，巨大的压力使得受害者仔细记住对方的能力降低了。

少量压力比没有任何压力更能发挥正面作用。考试压力过大固然不好，但是完全不放在心上一样不是好事，因为如此一来可能会导致成绩不佳。

记忆也如此，适度的压力可以促进记忆力。所以，千万不可以被压力打败，要巧妙地避开压力或善用压力，使其成为成功的跳板，这种观念非常重要。

（2）情绪因素

心理学家们指出，情绪会对人的记忆产生重大的影响。过度紧张的情绪会抑制人的记忆力，而使人们的实际能力得不到最大限度的临场发挥。良好的情绪则能使人看到自己的力量，并充满自信，这对记忆是非常有利的；不良的情绪，在一定情况下能削弱记忆活动，降低记忆效果。

一个人在忧虑的时候，对识记材料绝不会感兴趣，记忆效果就很难保证。

人们要从记忆深处回忆某一事物，常常取决于回忆者的心情是否与这一事物发生时的心情相一致。

3. 影响记忆的外界因素

丹海姆·哈尔曼博士提出，有一种叫自由基的物质，可能是导致人体器官衰退的主要因素。它能异化脱氧核糖核酸（DNA），通过脱氧对大脑产生损伤，使神经细胞窒息而死，导致许多衰老迹象，如记忆力下降、关节炎、白内障、动脉硬化、癌症及中风。

（1）环境污染使得自由基到处可见。如 X 光、微波、核辐射、有毒重金属（如在民用水中发现的铝、镉）、烟雾、食物化学添加剂、香烟产生的烟、汽车废气、氢化处理植物油和人造不饱和脂肪代用品，比如人造奶油、催化加氧植物油、不含乳制品的奶油、多数瓶装沙拉调料以及质量低劣的食用油。

人一旦吃进这样的产品（加工过的食品、饭店及快餐店食品），它们就在人体中形成自由基。用这样的油高温加工食品（油炸食品如炸薯条），会使其氧化速度加快，释放更多的自由基。而大部分自由基都会进入大脑，大脑是人体最容易受到自由基攻击的部位。

因此，改掉不良饮食习惯，抵制由于污染带来的对大脑的损害，是需要我们特别关注的。

（2）我们日常环境中的电磁污染都可引起思维混乱、记忆模糊、抑郁和脑功能受损，如空调、电视、电脑产生的辐射。美国科学家测试发现，当向被试者释放一种普通家电的微弱电磁场时，他们的短时记忆下降了。测试表明，低频电磁场可引起多动症和干扰睡眠习惯，损害记忆和逻辑思维。来自电视广播发射塔、高压电线、机场、雷达、家电的辐射，会产生电子烟雾，可影响记忆，导致学习能力丧失、大脑和行为混乱，造成抑郁症。

记忆力好坏的标准

很多青少年对记忆的质量标准不清楚，有人贪多求快，今天记住了的知识，明天就忘了，这种记忆只是短时间内给人的一种满足，并不是真正的记住。

那么怎样衡量记忆的好坏呢？心理学家认为，一个人记忆的好坏，应以记忆的敏捷性、持久性、正确性和备用性为指标进行综合考察。

1. 敏捷性

记忆的敏捷性体现记忆速度的快慢，指个人在单位时间内能够记住的知识量，或者说记住一定的知识所需要的时间量。著名桥梁学家茅以升的记忆相当敏捷，小时候看爷爷抄古文《东都赋》，爷爷刚抄完，他就能背出全文。若要检验一个人记忆的敏捷性，最好的方法就是记下自己背一段文章所需的时间。

2. 持久性

记忆的持久性是指记住的事物所保持时间的长短。不同的人记不同的事物时，其记忆的持久性是不同的。东汉末年杰出的女诗人蔡文姬能凭记忆回想出400多篇珍贵的古代文献。

3. 正确性

记忆的正确性是指对原来记忆内容的性质的保持。如果记忆的差错太多，不仅记忆的东西失去价值，而且会有坏处。

4. 备用性

记忆的备用性是指能够根据自己的需要，从记忆中迅速而准确地提取所需要的信息。大脑好比是个"仓库"，记忆的备用性就是要求人们善于对"仓库"中储存的东西提取自如。有些人虽然记忆了很多知识，却不能根据需要去随意提取，以至于为了回答一个小问题，需要背诵不少东西才能得到正确的答案。就像一个杂乱无章的仓库，需要提货时，保管员手忙脚乱，一时无法找到一样。

记忆指标的这4个方面是相互联系的，也是缺一不可的。忽视记忆指标的任何一个方面都是片面的。记忆的敏捷性是提高记忆效率的先决条件。只有记得快，才能获得大量的知识。记忆的持久性是记忆力良好的一个重要表现。只有记得牢，才可能用得上。记忆的正确性是记忆的生命。只有记得准，记忆的信息才能有价值，否则记忆的其他指标也就相应地贬值。记忆的备用性也是很重要的。有了记忆的备用性，才会有智慧的灵活性，才能有随机应变的本领。

衡量一个人记忆的好坏除了上面这4个指标，记忆的广度也是记忆的一个重要的衡量标准。

记忆的广度是指群体记忆对象在脑中造成一次印象以后能够正确复现的数量。

譬如，先在黑板或纸板上写出一些词语：钢笔、书本、大海、太阳、飞鸟、学生、红旗等，用心看过一遍后，进行复述，复述的词语越多，记忆的广度指标就越高。测量一个人记忆的广度，典型的方法就是复述数字：先在纸上写出一串数字，看一遍后，接着复述，有人能说出8位数字，有人能说出12位，有人则只能说清4~5位，一般人能复述8~9位。说得越多，当然越好，但这只代表记忆的一个指标量。

总之，衡量记忆的好坏，应该综合考量，而不应该强调某方面或忽视某方面。

遗忘的规律

假如有人问你："你记得回家的路线吗？"也许你立马就会反驳道："一只小狗都认得回家的路，难道我会不认得吗？"倘若又有人问你："你是不是所有曾经记住的东西都不会忘记呢？"你也会毫不犹豫地回答："当然不行！"

这两个问题正好验证了我们早已经知道的事实：记忆与遗忘都是人类所不可或缺的，无论对的错的，有用的还是没用的，它们每天都在不知不觉地被我们记忆着。如果一个东西多次出现在眼前，浮现在脑海，那么我们对它的印象就深一些，反之就会自然遗忘。

记忆，是指经历过的事物在脑中保持重现的心理过程。有没有记住，主要看能不能再认，能不能回忆和能不能复做。

而对于识记过的事物，不能回忆，则称为遗忘；其实遗忘就是指记忆元素之间的链接淡化甚至消失，导致你对某东西再也不能回忆起来。有些东西虽然不能回忆，但有时候还可能认知，这被称为暂时遗忘，但如果既无法回忆又无法认知，则称为完全遗忘。遗忘分为暂时遗忘与完全遗忘。

孙子兵法中说："知己知彼，百战不殆。"因此想要攻克遗忘就必须先熟知它的规律。德国有一位著名的心理学家名叫艾滨浩斯（Hermann Ebbinghaus 1850—1909 年），在 1885 年发表了他的实验报告后，记忆研究就成了心理学中被研究最多的领域之一，而艾滨浩斯正是发现记忆遗忘规律的第一人。

艾滨浩斯以自己作为测试对象，得出了一些关于记忆的结论。他选用了一些根本没有意义的音节，也就是那些不能拼出单词的众多字母的组合，比如，asww、cfhhj、ijikmb、rfyjbc 等。他经过对自己的测试，得到了一些数据，见下表。

时间间隔	记忆量
刚刚记忆完毕	100%
20 分钟之后	58.2%
1 小时之后	44.2%
8~9 个小时后	35.8%
1 天后	33.7%
2 天后	27.8%

时间间隔	记忆量
6 天后	25.4%
一个月后	21.2%

然后，艾滨浩斯又根据这些点描绘出了一条曲线，这就是非常有名的揭示遗忘规律的曲线：艾滨浩斯遗忘曲线，坐标系中竖轴表示学习中记住的知识数量，横轴表示时间（天数），曲线表示记忆量变化的规律。

这条曲线告诉我们在学习中的遗忘是有规律的，遗忘的进程不是均衡的，不是固定的一天丢掉几个，转天又丢几个的，而是在记忆的最初阶段遗忘的速度很快，后来就逐渐减慢了，过了相当长的时间后，几乎就不再遗忘了，这就是遗忘的发展规律，即"先快后慢"的原则。观察这条遗忘曲线，你会发现，学得的知识如不抓紧复习，在一天后就只剩下原来的 25%。随着时间的推移，遗忘的速度减慢，遗忘的数量也就减少。有人做过一个实验，两组学生学习一段课文，甲组在学习后不久进行一次复习，乙组不予复习，一天后甲组保持 98%，乙组保持 56%；一周后甲组保持 83%，乙组保持 33%。乙组的遗忘平均值比甲组高，这正好证实艾滨浩斯揭示的遗忘规律。

艾滨浩斯还在关于记忆的实验中发现，记住 12 个无意义音节，平均需要重复 16.5 次；为了记住 36 个无意义音节，需重复 54 次；而记忆 6 首诗中的 480 个音节，平均只需要重复 8 次！这个实验告诉我们，凡是理解了的知识，就能记得迅速、全面而牢固。一味地死记硬背是行不通的。因此，比较容易记忆的是那些有意义的材料，而那些无意义的材料在记忆的时候比较费力气，在以后回忆起来的时候也很不轻松。因此，艾滨浩斯遗忘曲线是关于遗忘的一种曲线，而且是对无意义的音节而言，对于与其他材料的对比，艾滨浩斯又得出了不同性质材料的不同遗忘曲线，不过它们大体上都是一致的。

因此，艾滨浩斯的实验向我们充分证实了一个道理：学习要勤于复习，而且记忆的理解效果越好，遗忘得也越慢。

但是记忆规律可以具体到我们每个人，因为我们的生理特点、生活经历不同，可能导致我们有不同的记忆习惯、记忆方式、记忆特点。规律对于自然人改造世界的行为，只能起一个催化的作用，如果与每个人的记忆特点相吻合，那么就如顺水扬帆，一日千里；如果与个人记忆特点相悖，记忆效果则会大打折扣。因此，我们要根据自己的特点，寻找到属于自己的艾滨浩斯记忆曲线。

适当的遗忘是有益的

很多青少年都会抱怨以前学过的许多知识、背过的课文、做过的习题，乃至日常生活中所经历的不少人与事，现在都记不起来了。其实，青少年完全不必为此烦恼，发生这种事并不代表你的记忆差或者记忆效率低下。一方面，艾滨浩斯已经告诉我们遗忘是有规律的，另一方面心理学上有一个术语，叫作"假性健忘"。比如你听完了一节课，对老师讲的内容记得不清楚，反而对老师时常穿插的小故事记得很清楚。显然，这并不是你记忆本身的问题，要改变这种"假性健忘"就要建立在有效的遗忘基础之上，甚至可以说，善于遗忘的人，才善于记忆。

古罗马有句谚语："记忆如钱包，拼命装反而漏得不剩一文。"世界上不可能有那些记住一切知识的"通天晓"，因为对我们来说，时间和精力是有限的，而知识是无限的，以有限的时间来学习无限的知识，必须有选择、有重点，才能取得良好的效果。相反，如果我们想要做到样样都学，大大小小的事都记得清清楚楚，那么，这样做的结果，不但会浪费我们大量的时间和精力，而且，必将使我们一事无成。"贪多嚼不烂"说的就是这个道理。

从另一方面来讲，保持和遗忘是相互促进的。俗话说"有得必有失"，记忆重点与遗忘琐碎是同样的道理。如果一个人不分主次，将芝麻绿豆的小事，以及那些消极情绪、不快的体验，通通保存在脑海里，恐怕新的知识信息以及那些积极有意义的事物就难以进入大脑，那就大大阻碍了记忆和你的活动。

比如，有的人只需要某个列车时刻，却把整个车的运行表都记住了。这不但加重了大脑的负担，时间长了还会变得神经衰弱。要想"好记性"，一定要记住如下的秘诀：没必要记住的东西就彻底地忘掉好了。

爱因斯坦就非常重视有效遗忘这一重要的记忆策略，就像他自己所说的："你们问我声音的速度是多少，现在我很难告诉你们正确答案，必须查一查词典，我才能回答。因为我从来不记在词典中已经有的东西，我的记忆力是用来记书本上还没有的东西。"据说爱因斯坦在美国居住了许多年后，竟然连自己住所的街道号码也说不出来，出门返回时甚至找不到家。发明大王爱迪生记忆力超人，但他的忘性也非常大，还因此闹出了不少笑话。在他和玛丽小姐的婚礼上，他突然想起了百思不得其解的自动电报机的问题，于是婚礼还没结束，就一头钻进实验室，抛下了新娘和众多宾客。直到晚上12点，他做完试验，才想起还没有陪客人一起吃饭。

既然遗忘琐碎的事情如此重要，那么怎样才能做到有效遗忘呢？这要从遗忘的原因谈起。

遗忘的真正原因在于大脑自觉记忆保存信息的能力有限。因此人脑就必须具备一种避免自觉记忆负担过重的保存信息的机制。这种机制就是遗忘。这种机制使人脑能够把信息从自觉记忆中转移到潜记忆里去，从而腾出地方来接受那些不断地进入脑子的，既极其需要又随时都可能要再现的信息。这样，人脑就能够积存大量的信息而不使自觉记忆负担过重。如果我们学会了自觉地运用遗忘机制，就能大大提高记忆的效率。因此，我们应当抛弃对遗忘的恐惧心理和成见，换上这样一种思想，即正确地运用遗忘机制等于记起了一半。

在进行积极遗忘之前，首先必须确定什么样的信息应当遗忘，而什么样的信息不应当遗忘。记忆效率的高低在很大程度上取决于这一步工作。首先，不重要的信息根本就不应当记住。这种信息应当尽快摒弃，没有加以保存以备再现的必要。其次，与记忆目标无关的信息不必记。

进行有效的训练

"为什么我老也记不住东西，比如英语单词、数学公式、历史事件，虽然我很用心地记，但常常是记住没多久就忘了，可我同学的记忆力就很好，学习效率也比我高。记忆力是不是天生的？"有这样疑问的人很多，为揭开记忆力好坏是否是天生的这个问题的答案，伦敦大学麦克夸尔博士对8位获得过"世界记忆冠军"者的大脑进行了研究。从对这些世界冠军的心理测验中，麦克夸尔没有发现什么特别的地方。于是麦克夸尔又对他们的大脑进行了扫描，以考察其生理构造是否与常人有所不同。结果也没有发现任何异常之处。为此她认为，人类记忆力的好坏并非由大脑结构等先天因素决定。他们之所以具有过目不忘的能力，是他们掌握了记忆要领及进行过刻苦练习。

下面我们以张杰和王茂华为例说明：

2003年10月15日，张杰、王茂华在马来西亚吉隆坡举办的第13届世界记忆力锦标赛上获得了"世界记忆大师"的称号。张杰在2分钟之内可以记忆150个数字，并且100%倒背如流，而王茂华能在3天内记忆《孙子兵法》。在很多人的想象中，他们应该是不折不扣的记忆天才，一定是从小就有着超出常人的记忆力。

而事实恰好相反，张杰从小就自认为记忆力不好，参加了3次高考才勉强考上大学。王茂华则由于考不上大学而报考了中专。他们都曾经为自己的记忆力差苦恼过。

事实上，他们最终可以记忆力超群，主要是因为他们对记忆力进行了系统的、有效的训练。张杰和王茂华的经历也告诉我们，大多数人的记忆力之所以无法提高，就在于他们没有经过记忆力训练；正如人的身体素质可以通过锻炼来加强一样，人的记忆力也可以通过训练而得到加强。

那么我们应该如何进行记忆力训练呢？在进行训练前，我们应该注意什么问题呢？

首先，我们得记住以下两点：

一是这个世界上任何能马上使用的记忆方法，都不可能提高我们的记忆力。

二是只有经过有效的训练，我们的记忆力才有可能得到真正的提高。

我们的记忆力为什么一直没有提高？这是因为我们一直在找的只是记忆方法，而不是记忆力训练方法。记忆方法只能帮助我们在某些时候更好地记忆，而对真正提高我们的记忆力作用不大。

只有系统的记忆力训练方法，才能真正帮助我们提高记忆力！

知道了记忆方法，但如果没有经过训练，我们的大脑"肌肉"并没有掌握这套记忆动作，当面对记忆材料的时候，大脑仍然无法自如地用这套记忆动作来进行记忆，就会习惯性地回到原来的死记硬背方式中去。

只有经过一段时间的训练，让我们的大脑"肌肉"完全熟悉并掌握了这套记忆动作，当面对记忆材料的时候，大脑才会条件反射般地自然用出这套记忆动作。

因此，记忆力训练的真正目的就在于帮助我们的大脑熟练掌握正确的记忆动作，让我们能够习惯性地在任何情况下都使用正确的记忆方法。

如果我们的记忆习惯得不到改变，当我们遇到需要记的东西时，还是条件反射般地用死记硬背的方式来记忆，那么，我们的记忆力就永远得不到提高。

当我们的大脑"肌肉"越熟练地掌握这套记忆动作，我们的记忆力就提高得越快，我们就会越来越能感到记忆力飞速提升所带来的快乐。

第二章

只要你想，便能做到

惊人的大脑储藏量

俄国有一位著名的记忆家，他能记得 15 年前发生过的事情，他甚至能精确到事情发生的某日某时某刻。你也许会说："他真是个记忆天才！"其实，心理学家鲁利亚曾用数年时间研究他，发现他的大脑与正常人没有什么两样，不同的只是他从小学会了熟记发生在身边的事情的方法而已。

每个人读到这里都会觉得不可思议。其实，人脑记忆是大有潜力可挖的。你也可以向这位记忆家一样，而这绝对不是信口开河。现代心理学研究证明，人脑由 140 亿个左右的神经细胞构成，每个细胞有 1000～10000 万个突触，其记忆的容量可以收容一生之中接收到的所有信息。即便如此，在人生命将尽之时，大脑还有记忆其他信息的"空地"。一个正常人头脑的储藏量是美国国会图书馆全部藏书的 50 倍，而此馆藏书量是 2300 万册。

人人都有如此巨大的记忆潜力，我们却整天为误以为自己"先天不足"而长吁短叹、怨天尤人，如果你不相信自己有这样的记忆潜力的话，你可以做下面的实验证明。

请准备好钟表、纸、笔，然后记忆下面的一段数字（30 位）和一串词语（要求按照原文顺序），直到能够完全记住为止。写下记忆过程中重复的次数和所花的时间等。4 小时之后，再回忆默写一次（注意：在此之前不能进行任何形式的复习），然后填写这次的重复次数和所花的时间。

数字：109912857246392465702591436807

词语：恐惧马车轮船瀑布熊掌武术监狱日食石油泰山

学习所用的时间：［CD#20mm］

重复的次数：［CD#20mm］

默写出错率：［CD#20mm］

此时的时间：［CD#20mm］

4 小时后默写出错率：［CD#20mm］

现在再按同样的形式记忆下面的两组内容，统计出有关数据，但必须使用提示中的方法来记忆。

数字：18710534127982658766389 0278643

［提示：使用谐音的方法给每个数字确定一个代码字，连成一个故事。故事大意：你原来很胆小，服了一种神奇的药后，大病痊愈，从此胆大如斗，连杀鸡这样的"大事"也不怵头了，一刀砍下去，一只矮脚鸡应声而倒。为了庆祝，你和爸爸，还有你的一位朋友，来到酒吧。你的父亲饮了 63 瓶啤酒，大醉而归。走时带了两个西瓜回去，由于大醉，全都丢光了。现在，你正给你的这位朋友讲这件事，你说："一把奇药（1871），令吾杀死一矮鸡（0534127），酒吧（98），尔来（26），吾爸吃了 63 啤酒（58766389），拎两西瓜（0278），流失散（643）。"］

词语：火车黄河岩石鱼翅体操惊讶煤炭茅屋流星汽车

［提示：把 10 个词语用一个故事串起来，请在读故事时一定要像看电视剧一样在脑中映出这个故事描述的画面来。故事如下：一列飞速行驶的"火车"在经过"黄河"大桥时撞在"岩石"上，脱轨落入河中，河里的"鱼"受惊之后展"翅"飞出水面，纷纷落在岸上，活蹦乱跳，像在做"体操"似的。人们目睹此景大为"惊讶"，驻足围观。有几个聪明人拿来"煤炭"，支起炉灶来煮鱼吃。煤不够了就从"茅屋"上扒下干草来烧。鱼刚煮好，不料，一颗"流星"从天而降砸在炉上。陨石有座小山那么大，上面有个洞，洞中开出一辆"汽车"来，也许是外星人的桑塔纳吧。］

学习所用的时间：［CD#20mm］

重复的次数：［CD#20mm］

默写出错率：［CD#20mm］

此时的时间：［CD#20mm］

4 小时后默写出错率：［CD#20mm］

通过比较两次学习的效果，可以看出：使用后面提示中的记忆方法来记忆时，时间短，记忆准确，效果持久。

其实，许多行之有效的记忆训练方法还鲜为人知，本书就将为你介绍很多有效的训练方法。如果你能掌握并运用好其中的一个方法，你的记忆就会被强化，一部分潜能也就会被开发出来而产生很可观的实际效果；如果你能全面地掌握并运用好这些训练方法，使它们在相互协同中产生增值效应，那么你的记忆力就会有惊人的长进，近于无穷的潜能也会释放出来。多数人自我感觉记忆不良，大都是记忆方法不当所造成的。

所以，我们要相信自己的大脑，它就犹如照相底片，等待着信息之光闪现；又如同浩瀚的汪洋，接纳川流不息的记忆之"水"——无"水"满之患；还好像没有引爆的核材料，一旦引爆，它会将蕴藏的超越其他材料万亿倍的核热潜能释放出来，让你轻而易举地腾飞，铸就辉煌，造福人类和自己。

当然，值得注意的是，虽然记忆大有潜力可挖，但是也不要滥用大脑。因为脑是一个有限的装置——记忆的容量不是无限的，一瞥的记忆量十分有限，其最大量仅为 7 ± 2。过频地使用某些部位的脑神经细胞，时间一久，还会出现功能降减性病变（主症是效率突减），脑细胞在中年就不断地死亡而数量不断地减少，其功能也由此而衰退……故此，不要"锥刺股，头悬梁"地去记忆那些过了时的、杂七杂八、无关紧要、结构松散、毫无生气，可用笔记以及其他手段帮助大脑记忆的信息。

谁善于留心，谁就善于记忆

我们都有这么一个经验，当我们用一个锥子在金属片上打眼时，劲使得越大，眼就钻得越深。记忆的道理也是如此，印象越深刻，记得就越牢固。深刻的事件、深刻的教训，通常都带有难以抹去的印痕。如你看到一架飞机坠毁，这当然是记忆深刻的；又如你因大意轻信了某人，被骗去最心爱的东西，这也容易记得深刻。但生活中许多事情不是这样，它本身并没有什么动人的场面和跌宕的变化，我们要想从主观上获得强烈的印象，就要靠细致的观察。

观察能力是大脑多种智力活动的一个基础能力，它是记忆和思维的基础，对于记忆有着决定性的意义。因为记忆的第一阶段必须有感性认识，而只有强烈的印象才能加深这种感性认识。眼睛接受信息时，就要把它印在脑海里。对于同一景物，婴儿的眼和成人的眼看来都是一样的；一个普通人及一个专家眼中所视的客体也是一样的，但引起的感觉是大相径庭的。因此，在观察时，一定要在脑海中打上一个烙印，这种烙印包含着对事物的理解和想象，而不是一个只有光与形的几何体。

达尔文曾对自己做过这样的评论："我既没有突出的理解力，也没有过人的机智。只是在觉察那些稍纵即逝的事物并对其进行精细观察的能力上，我可能在众人之上。"

我们应该向达尔文学习，不管记忆最终会产生什么效果，前提是一定要进行仔细的观察，只有这样做才能在脑海中形成深刻的印象。而认真观察的先决条件，就是必须有强烈的目的。

我们观察某一事物时，常常由于每个人的思考方式不同，每个人观察的态度与方法及侧重点也不同，观察结果自然也不同，这又使最后记忆的结果不同。

在日常生活中，你可以经常做一些小的练习训练你的观察力，譬如读完一篇文章后，把自己读到的情节试着记录下来，用自己的语言将其中的场面描绘一番。这样你就可以测试自己是否能把最主要的部分准确地记录下来，从而在一定程度上锻炼自己的观察力，这种训练可以称之为"描述性"训练。为达到更好的训练效果，我们应该在平时处处留心，比如每天会碰到各种各样的人，当你见到一个很特别的人之后，不妨在心里描绘那人的特点。

或者，在吃午饭时我们仔细地观察盘子，然后闭上眼睛放松一会儿，我们就能运用记忆再复制的能力在内心里看到这个盘子。一旦我们在内心里看到了它，就睁开眼睛，把"精神"的盘子和实际的盘子进行比较，然后我们再闭上眼睛修正这个图像，用几秒钟的时间想象，然后确定下来，那么就能立刻校正你在想象中可能不准确的地方。

在训练自己的观察力时，青少年还要谨记以下几点：

（1）不要只对刚刚能意识到的一些因素发生反应，因为事物的组成是复杂的，有时恰恰是那些不易被人注意的弱成分起着主导作用。如果一个人太过拘泥于事物的某些显著的外部因素，观察就会被表象迷惑，深入不下去。

（2）不要只是对无关的一些线索产生反应，否则会把观察、思维引入歧途。

（3）不要为自己喜爱或不喜爱之类的情感因素所支配。与自己的爱好、兴趣相一致的，就努力去观察，非要搞个水落石出不可；反之，则弃置一旁。这样使人的观察带有很大的片面性。

（4）不要受某些权威的、现成的结论的影响，以至于我们不敢越雷池半步，甚至人云亦云。这种观察毫无作用。

有目的性地展开记忆

很多青少年都有这样的体会：课堂提问前和考试之前看书，记忆效果比较好，这主要是因为他们记忆的目的明确，知道自己该记什么，到什么时候记住，并知道非记住不可。这种非记住不可的紧迫感，会极大地提高记忆力。

原南京工学院讲师韦钰到德国进修，靠着原来自修德语的一点基础，仅用了4个月的时间就攻下了德语关，表现出惊人的记忆能力。这种惊人的记忆力与"一定要记住"的紧迫感有关，这种紧迫感又来自韦钰正确的学习目的和研究动机。

韦钰的事例证明，记忆的任务明确，目的端正，就能发掘出各种潜力，从而取得较好的记忆效果。一般来说，重要的事情遗忘的可能性比较小，就是这个道理。

不少人抱怨自己的记忆能力太差，其实这主要是在于学习的动机和目的不端正，学习缺乏强大的动力，不善于给自己提出具体的学习任务，因此在学习时，就没有"一定要记住"的紧迫感，注意力就不容易集中，使得记忆效果很差。

反之，有了"一定要记住"的认识，又有了"一定能记住"的信心，记忆的效果一定会好的。

基于以上原因，青少年朋友在记忆之前应给自己提出识记的任务和要求。例如，在读文章之前，预先提出要复述故事的要求；去动物园之前，要记住哪些动物的外形、动作及神态，回来后把它们画出来，贴在墙壁上。这就调动了在进行这些活动中观察、注意、记忆的积极性。

另外，光有目的还不行，如很多学生在考试之前，花了很多时间记忆学习，但考试之后，他努力背的那些知识很快就忘记了，因此，记忆时提出的目的还应该是长远的、有意义的、有价值的、有一定难度的。记忆目标是由记忆目的决定的。要确定记忆目标，首先要明确记忆的目的，即为了什么去进行记忆，然后根据记忆目的确定具体的记忆任务，并安排好记忆进程。对于较复杂的、需要较长时间来进行记忆的对象来说，应把制定长远目标和制定短期目标相结合，把长远目标分成若干不同的短期目标，通过跨越一个个短期目标去实现长远目标。

明确记忆目标，主要不是一个记忆的技巧问题，而是人的记忆动机、态度、意志的问题。在强大的动机支配下，用认真的态度和坚强的意志去记忆，这就是明确记忆目标的实质。青少年懂得记忆的意义后，便会对记忆产生积极的态度。

确定记忆意图还要注意以下两个方面：

1. 要注意记忆的顺序

例如，记公式，首先要理解公式的本质，而后通过公式推导来记住它，再运用图形来记住公式，最后是通过做类型题反复应用公式，来强化记忆。有了这样一个记忆顺序，就一定会牢记这些数学公式。

2. 记忆目标要切实可行

在记忆学习中，确立的目标不仅应高远，还要切实可行。因为只有切实的目标才真正会激发人们为之奋斗的热情，才使人有信心、有把握地把目标变为现实。

总之，要使自己真正成为记忆高手，成为记忆方面的天才，你首先要做的就是有一个明确的记忆意图。

哪里没有兴趣，哪里就没有记忆

德国文学家歌德说："哪里没有兴趣，哪里就没有记忆。"这是很有道理的。兴趣使人的大脑皮层形成兴奋优势中心，能进入记忆最佳状态，调动大脑两个半球所有的内在潜力，充分发挥自己的创造力与记忆的潜能。所以说，"兴趣是最好的老师"。

达尔文在自传中写道："就我在学校时期的性格来说，其中对我后来发生影响的，就是我有强烈而多样的兴趣，沉溺于自己感兴趣的东西，深入了解任何复杂的问题。"达尔文的事例说明，兴趣是最好的学习记忆动力。我们做任何事情，都需要一定的兴趣，没有兴趣去做，自然很难做好。记忆有时候是一件很乏味甚至很辛苦的事，如果没有学习兴趣，不但很难坚持下去，而且其效果必然会大打折扣。

兴趣可以让你集中注意力，暂时抛开身边的一切，忘情投入；兴趣能激发你思考的积极性，而且经过积极思考的东西能在大脑中留下思考的痕迹，容易记住；兴趣也能使你情绪高涨，可以激发脑内啡肽的释放，而生理学家认为，脑内啡肽是记忆学习的关键物质。

英国戏剧大师莎士比亚天生就迷恋戏剧，对演戏充满了兴趣。他博闻强识，很快就掌握了丰富的戏剧知识。有一次，一个演员病了，剧院的老板就让他去当替补，莎士比亚一听，乐坏了，他用了不到半天的时间，就把台词全背了下来，演得比那个演员还好。

德国大音乐家门德尔松，在他 17 岁那年，曾经去听贝多芬第九交响曲的首次公演。等音乐会结束，回到家里以后，他立刻写出了全曲的乐谱，这件事震惊了当时的音乐界。虽然我们现在对贝多芬的第九交响曲早已耳熟能详，可在当时，首次聆听之后，就能记忆全曲的乐谱，实在是一件不可思议的事。

门德尔松为什么会这么神奇？原因就在于他对音乐的深深热爱。

兴趣促进了记忆的成功，记忆上的成功又会提高学习兴趣，这便是良性循环；反之，对某个学科厌烦，记忆必定失败，记忆的失败又加重了对这一学科的厌烦感，形成恶性循环。所以善于学习的人，应该是善于培养自己学习兴趣的人。

那么，如何才能对记忆保持浓厚的兴趣呢？以下几种建议，我们不妨去试一试：

（1）多问自己"为什么"。

（2）肯定自己在学习上取得的每一点进步。

（3）根据自己的能力，适当地参加学习竞赛。

（4）自信是增加学习兴趣的动力，所以一定要相信自己的能力。

（5）不只是去做感兴趣的事，而要以感兴趣的态度去做一切该做的事。

不仅如此，我们还要在平凡的学习生活中积极地去发现、创造乐趣。

如果你想知道苹果好不好吃，就不能单凭主观印象，而应耐着性子细细品尝，学习的时候也一样。背英文单词，你会觉得枯燥无味，但是坚持下去，当你能试着把课本上的汉语翻译成英语，或结结巴巴地用英语同外国人对话时，你对它就会有兴趣了。

在跟同学辩论的时候，时而引用古人的一句诗词，时而引用一句名言，老师的赞赏和同学们的羡慕，会使你对读书越来越有兴趣。

我们还可以借助想象力创造兴趣，把枯燥的学习材料变得好玩又好记。

天才，首先是注意力

很多同学都知道，如果上课时处于极好状态，下课能将大脑中的那些知识点下意识地说出来，这样会提高你上课的效率和扩展知识面。利用好了课堂上的 45 分钟，下课后无须过多时间就能熟练掌握，事半功倍，做题复习效率也极高；反之只能事倍功半，花去大量时间，还容易丢三落四，知识掌握不完全、不熟练，对做题和今后复习造成隐患。有人这样解释这种现象："注意越强烈，则感觉越明确和越清楚，因而它的痕迹也就越牢固地保存在我们的记忆中。"这话是有一定的科学根据的。

人在注意某一事物时，大脑皮层就会在相应部位上产生一个优势兴奋中心，所有的神经细胞都要为它"服务"。这种"全力以赴"的结果，使留下的痕迹明显；相反的，如果大脑皮层同时有两个以上的兴奋中心，就必然出现注意力分散的现象，这时对事物的理解和记忆就会受到干扰，破坏大脑的记忆规律，记忆效果肯定不好。

许多同学都会有这样的苦恼，越是想学习的时候，越是无法集中注意力，头脑被一些莫名其妙的怪念头占据着，无法摆脱掉。有时候，脑子里一片空白，上课老"愣神"，不知道老师都讲了些什么。如果这种情况长久出现，必将影响学习成绩。注意力是打开我们大脑记忆的窗口，而且是唯一的窗口，窗口开得越大，我们学到的东西就越多。而一旦注意力涣散了或无法集中，记忆的窗口就关闭了，一切有用的知识信息都无法进入。正因如此，法国生物学家乔治·居维叶说："天才，首先是注意力。"

总体来说，之所以说注意力集中能提高记忆力，主要是下面两个原因：

1. 注意具有指向性

高度的注意可以使心理活动指向那些有意义的、符合需要的、与当前活动相一致的各种刺激，同时避开或抑制那些无意义的、附加的、与当前活动相干扰的各种刺激。全神贯注，能使学习者、思考者尽量完全地沉浸在"目标场"中，这样可以有效地排除干扰，避免"思维"浪费，尽早实现突破性的结果。同时，全神贯注的过程，也是最大范围、最深化地调动思维能量的过程。在这样的过程中，人头脑中各种知识、能力的贮存和潜在作用，会充分得以发挥，从而帮助记忆。从心理学的角度来说，记忆分无意识记忆与有意识记忆两种，对于系统的知识，特别是系统的科学知识，绝不是单凭"无意识记"就能掌握的。在事前有明确的目的，并在进行中作出积极的努力，才是"有意识记"。也就是说，集中注意、自觉地阅读两遍课文，比漫不经心地读10遍课文要记得多。

2. 高度的注意保证记忆的持续性

当外界的大量信息通过感知进入大脑之后，大脑还要对它们进行编码储存，如果这个阶段不能对信息继续注意，它很快就会消失。注意贯穿整个记忆过程，对感知、记忆、思维、想象等心理活动起着积极的组织和维持作用，它使客观事物在我们的头脑中反映得更加清晰、完整，记忆得更加扎实、深刻。

尽管集中注意力有助于提高记忆，但还需要其他方面的配合。

首先注意力高度集中后，还要根据记忆的内容，联系其他能力（观察力、想象力、思维力……），并利用各种能力的协同作用，提高记忆效果。

其次，记忆要有明确的目的，这有利于提高注意力。

最后，形成集中注意力之后，又要防止走进死胡同。不能忽视了所记内容的意义，只一味地集中在字面上，要不然，所谓"集中"就在本质上失去了意义。

决心记住便能记住

自信，在任何时候都是十分重要的。古人行军打仗，讲求一个"势"字，讲求军队的士气、斗志，如果上自统帅、下至走卒都有一股雄心霸气，相信自己会在战斗中取胜，那么，他们就会斗志昂扬。

最重要的是，这样的"自信之师"是绝不会被轻易击垮的。有无自信，往往在事情的一开始就注定了这件事的成败。记忆也离不开自信。因为它是意识的活动，它的作用明显地取决于人的心理状况。毋庸置疑，一个全无自信、毫无斗志的人，他的记忆不会取得很好的效果。这是因为人在处理事情时思维是分层的，由下到上包括环境层、行为层、能力层、信念层、身份层，很多事情的焦点是在身份上的。两个人做一件事效果可以千差万别，这是因为他们对自己的身份定位决定了一切。

人通过行为可以改变环境，而获得能力可以改变行为模式，但如果没有一个信念，就不可能获得能力。记忆力是属于能力层的，如果要做改变，就要从根本上改变身份和信念。在这个层次塔中，上面的往往容易解决下面的问题，如果能力出现问题，从态度上改变，能力的改变就会持久。如果你不能从信念上根本改变，即使学会了记忆方法，也会慢慢淡忘不用。

其实，刚开始的时候，人们对自己的记忆都会相当自信，因此也充满了兴趣与热情，但当他们发现了事实并非如此之后，往往就泄气了，丧失了自信，也丧失了热情。人们往往在第一天将一篇资料完整、准确地记住了，但当第二天回忆时，能正确说出一半就很不错了。

这类事情很使人丧气，但它又常常发生，人们渐渐对此适应了，便也放松了对自己的要求，因为他们的自信受到了伤害。

一名研究人类记忆力的教授，曾就这个问题说："一开始的时候，对于要记忆的东西，我自信能记住。然而不久我就发现，事实并非如此。

"我总是试图记住所有的资料，但从未如愿过，甚至能牢记不忘的部分越来越少了。这时，我就不由得产生了怀疑：我的记忆力是不是不够好呢？我是不是只能记住一丁点儿的东西而不是全部呢？能力受到怀疑时，自信心自然受到创伤，态度便不再那么积极了。再次记忆的时候对记不记得住、能记得住多少，就没什么底了，抱着能记多少就记多少的态度，结果呢？记住的东西更少了，准确度也差了。而且见了稍多要记忆的东西就害怕，记忆的效果自然越来越低。

"没了自信，就没了那一股气。兴趣没有了，斗志没有了，记忆时似散兵游勇般弄得对自己越来越没自信。不相信自己能记住，往往就注定了你记不住。"

那么，这股自信应该建立在怎样的基础上呢？它要怎样培养并保持下去呢？关键就在于，如何在记忆活动中用自信这股动力来加速记忆。

某位心理学专家说："自信往往取决于记忆的状况，取决于东西记住了多少。如果每次都能高质量地完成，自信心就会受到鼓舞而得到增强，并在以后发挥积极作用；反之，自信心就会逐渐减弱，甚至最后信心全无。"

因此，树立记忆自信的关键就在于：决心要记住它，并真正有效地记住它。

第三章

通向记忆的捷径

一切知识，不过是记忆

记忆力直接影响学生的学习能力，没有记忆，学习就无法进行。英国哲学家培根说过，一切知识，不过是记忆。记忆方法和其中的技巧，是学生提高学习效率、提升学习成绩的关键因素，没有记忆提供的知识储备，没有掌握记忆的科学方法，学习不可能有高效率。现在学生的学习任务繁重，各种考试应接不暇，如果记不住知识，学习成绩可想而知，一考试头脑就一片空白，考试只能以失败告终。

如果我们把学习当作一场漫长的征途，那么记忆就像是你的交通工具，交通工具的速度直接关系到你学习成绩的好坏，也就是说它将直接决定你学习效率的高低。俗话说得好，牛车走了一年的路程，还比不上飞船1小时走得远。在竞争日益激烈的今天，谁先开发记忆的潜力，谁就成为将来的强者。

美国心理学家梅耶研究认为，学习者在外界刺激的作用下，首先产生注意，通过注意来选择与当前的学习任务有关的信息，忽视其他无关刺激，同时激活长时记忆中的相关的原有知识。新输入的信息进入短时记忆后，学习者找出新信息中所包含的各种内在联系，并与激活的原有的信息相联系。最后，被理解了的新知识进入长时记忆中储存起来。在特定的条件下，学习者激活、提取有关信息，通过外在的反应作用于环境。简言之，新信息被学习者注意后，进入短时记忆，同时激活的长时记忆中的相关信息进入短时记忆。新旧信息相互作用，产生新的意义并储存于长时记忆系统，或者产生外在的反应。

具体地说，记忆在学习中的作用主要有以下几点：

1. 学习新知识离不开记忆

学习知识总是由浅入深，由简单到复杂，是循序渐进的。我们说，在学习新知识前，应该先复习旧知识，就是因为只有新旧知识相联系，才能更有效地记住新知识。忘记了有关的"旧"知识，却想学好新知识，那就如同想在天空中建楼一样可笑。如果学习高中"电学"时，初中"电学"中的知识全都忘记了，那么高中的"电学"就很难学习下去。一位捷克教育家说："一切后教的知识都根据先教的知识。"可见，记住先教的知识对继续学习有多么重要。

2. 记忆是思考的前提

面对问题，引起思考，力求加以解决，可是一旦离开了记忆，思考就无法进行，问题自然解决不了。假如在做求证三角形全等的习题时，却把三角形全等的判定公理或定理给忘了，那就无法进行解题的思考。人们常说，概念是思维的细胞，有时思考不下去的原因是思考时把需要使用的概念和原理遗忘了。经过查找或请教重新回忆起来之后，中断的思考过程就可以继续下去了。宋代学者张载说过："不记则思不起。"这话是很有道理的。如果感知过的事物不能在头脑中保存和再现，思维的"加工"也就成了无源之水、无米之炊了。

3. 记忆好有助于提高学习效率

记忆力强的人，头脑中都会有一个知识的贮存库。在新的学习活动中，当需要某些知识时，则可随时取用，从而保证了新知识的学习和思考的迅速进行，节省了大量查找、复习、重新理解的时间，使学习的效率大大提高。

一个优秀生在阅读或写作时，很少翻查字典，做习题时，也很少翻书查找原理、定律、公式等，因为这些知识已牢牢地贮存在他的大脑中了，而且可以随时取用。

不少优秀生解题速度快的秘密在于，他们把常用的运算结果，常用的化学方程式的系数等已熟记在头脑中，因此，在解题时就不必在这些简单的运算和配平上费时间了，从而可以把时间更多地用在思考问题上。由于记得牢固而准确，所以也就大大减少了临时运算造成的差错。

许多学习成绩差的青少年就是由于记忆缺乏所造成的。有科学研究表明，学习成绩差一些的青少年在记忆时会遇到两种问题：第一，与学习成绩优良的学生相比，学习成绩差一些的人在记忆任务上有困难。第二，学习成绩差一些的学生的记忆问题可能是由于不能恰当地使用记忆策略。

　　尽管记忆是每个人所具有的一种学习能力，但科学有效的记忆方法不是每一个学习者所能掌握的。在学习中，青少年应该根据课程的学习目的和要求，选择重点、选择难点、选择关键点，然后根据记忆对象的实际情况运用一些记忆方法进行科学记忆，以达到事半功倍的效果。并在自己的学习活动中总结出适合自己学习的好方法，运用科学记忆，提高学习成绩，巩固学习效果，真正达到学有所成，学有所用。

提升学习的效能

　　减负一直以来都是一个热门话题，虽然减少课业量是一种减负方法，但掌握记忆规律，按记忆规律学习应该是一种更好的办法。

　　掌握记忆规律和法则就能更高效地学习，这对于青少年是十分重要的。记忆与大脑十分复杂，但不神秘，了解它们的工作流程就能更好地加强自身学习潜质。

　　人的大脑是一个记忆的宝库，人脑经历过的事物，思考过的问题，体验的情感和情绪，练习过的动作，都可以成为人们记忆的内容。例如英文的学习中单词、短语和句子，甚至文章的内容都是通过记忆完成的。从"记"到"忆"是有个过程的，这其中包括了识记、保持、再认和回忆4个过程。

　　所谓识记，分为识和记两个方面。先识后记，识中有记。所谓保持，是指已经识记过的材料，有条理地保存在大脑之中。再认，是指识记过的材料，再次出现在面前时，能够认识它们。重现，是指在大脑中重新出现对识记材料的印象。这几个环节缺一不可。在学习活动中只要进行有意识的训练，掌握记忆规律和方法，就能改善和提高记忆力。

对于青少年学生来说，对各科知识中的一些基本概念、定律以及其他工具性的基础知识的记忆，更是必不可少。因此，我们在学习过程中，既要进行知识的传授，又要注意对自己记忆能力的培养。掌握一定的记忆规律和记忆方法，养成科学记忆的习惯，就能提高学生的学习效率。

记忆有很多规律，如前面我们提到的艾滨浩斯遗忘曲线就是其中一个很重要的规律，我们可以根据这种规律进行及时适当的复习，适当过度学习，以使我们的记忆得以保持。同时，不可以一次记忆太多的东西，这就关系到记忆的广度规律。记忆力的广度性，指对于一些很长的记忆材料第一次呈现给你，你能正确地记住多少。呈现的越多，你的记忆力的广度就越好。记忆的广度越来越大，记忆的难度就越来越大。如果你能记住的数字长度越长，你的记忆力的广度性就越好。

美国心理学家 G. 米勒通过测定得出一般成人的短时记忆平均值。米勒发现：人的记忆广度平均数为 7，即大多数人一次最多只能记忆 7 个独立的"块"，因此数字"7"被人们称为"魔数之七"。我们利用这一规律，将短时记忆量控制在 7 个之内，从而科学地使用大脑，使记忆稳步推进。

综上所述，记忆与其他一切心理活动一样是有规律的。在学习中，学生要积极遵循记忆规律，使用科学的记忆方法去进行识记，从而不断提高自己的学习效果，增强学习的兴趣。

找到事半功倍的记忆路径

造成记忆困难的因素有很多，而我们总是绕不开一些记忆的陷阱就是其中的一个重要的因素。如果能够绕开这些陷阱，我们同样可以收到神奇的记忆效果。

有些人信奉"学海无涯苦作舟"的观念，并一直用它驱策着他们自己勤奋、刻苦攻读，学习乐趣荡然无存，"一分耕耘，一分收获"是他们记忆学习的教条。如果要提升记忆力，首先就要改正这个错误的观念。

从学习的生理、心理过程来看，在学习新知识信息时，信息通过感觉通道进入大脑边缘系统——膝状体，对信息的意义和价值初步评价，进而进入大脑皮层加以深入判断。判断为有意义的知识信息，就会使大脑产生一种活性物质，促使神经系统网络易于接通，信息被接受和储存。感到有意义，认为重要，学得快乐，大脑被激活，能轻松愉快地学，效率高；反之，若认为知识信息不重要，没有意义，就不愿学，大脑膝状体就进入不了神经网络，储存不牢，记不住，学得苦，学得累，效果差。

而真正的记忆学习应该是快乐的，它不仅是指学有所获及学会某事的成就感，而且指记忆过程本身是令人快乐的。如果青少年是在厌烦而不是快乐的体验下记忆学习，那么记忆不但不会有效果，还会影响以后的记忆学习，甚至会产生厌学的情绪，因为任何知识的获得都是依靠记忆的。但如果青少年带着喜悦的期盼开始记忆知识，就会在记住知识后感到意犹未尽、恋恋不舍。有效的记忆方法可以使整个学习过程都变得津津有味、充满乐趣。这时大脑处于激活状态，大脑产生的活性物质使神经网络易于接通，因此，知识信息易于被接受、储存和提取。也就是说，此时大脑处于最佳学习状态，学习效果也最好。

另外一个记忆的陷阱就是一味地求快、求好。求快、求好，这是人之常情，但在记忆的过程中，过分地求快，往往会适得其反。特别是许多青少年学生，很容易受"快"字的诱惑或欺骗，看起书来，一味求快，不自觉地步入一个让人痛苦的重复圈之中。背了忘，忘了又背，好像记忆的口袋内破了一个大洞。许多人不认真反省自己的方法，而是摆出顽强搏斗的架势，与这个怪洞抗争，弄得精疲力竭。对此，只能说精神可嘉，理智不够。如果我们运用适宜的方法记忆，尽管开始慢一点，但它能够让我们把有关信息保持下来，使我们长时间享受记忆方法的甜果。从总的效果上看，我们驾驶着记忆方法之车，在知识领域中真正前进了。因此，我们绝不要见到慢字就说不，在使用相应的记忆方法的过程中，所碰到的表面上的慢，却是一种实质性的快，从这个意义上说，慢就是快。

贪多也是人的一个通病，"多"是记忆中的危险的陷阱。我们可以用物质的观点来理解记忆：世界上任何机器的功率都是有限的，如果我们把大脑简化成一部思维机器的话，绝不能要求它在一定时间内做无限多的功。因此，不能一次让大脑摄入太多的信息量。

有不少学生复习功课时，贪多求快，一晚看一本书，结果，书是看完了，与他们握手的却是记忆的叛徒——模模糊糊。

我们知道，做任何事情都必须达到适当的要求，因为过犹不及，贪多过了头，就会走向反面，甚至会一无所有。因此，我们有时不妨学会放弃一点，在实实在在的"少"上下点功夫，那么就会聚少成多。学习记忆正是如此。

改变思维惯性的轨迹

思维定式就是一种思维模式，是头脑所习惯使用的一系列工具和程序的总和。

一般来说，思维定式具有两个特点：一是它的形式化结构；二是它的强大惯性。

思维定式是一种纯"形式化"的东西，就是说，它是空洞无物的模型。只有当被思考的对象填充进来以后，只有当实际的思维过程发生以后，才会显示出思维定式的存在，没有现实的思维过程，也就无所谓思维的定式。

思维定式的第二个特点是，它具有无比强大的惯性。这种惯性表现在两个方面：一是新定式的建立；二是旧定式的消亡。一般来说，某种思维定式的建立要经过长期的过程，而一旦建立之后，它就能够"不假思索"地支配人们的思维过程、心理态度乃至实践行为，具有很强的稳固性甚至顽固性。

人一旦形成了习惯的思维定式，就会习惯地顺着定式的思维思考问题，不愿也不会转个方向、换个角度想问题，这是很多人都有的一种愚顽的"难治之症"。

比如说看魔术表演，不是魔术师有什么特别高明之处，而是我们的思维过于因袭习惯之式，想不开，想不通，所以上当了。比如人从扎紧的袋里奇迹般地出来了，我们总习惯于想他怎么能从布袋扎紧的上端出来，而不会去想想布袋下面可以做文章，下面可以装拉链。

青少年一旦形成某种思维定式，必然会对记忆力产生极大的影响。因为，思维定式使学生以较固定的方式去记忆，思维定式不仅会阻碍学生采用新方法记忆，还会大大影响记忆的准确性，不利于记忆效果和学习成绩的提高，例如，很多人都认为学习时听音乐会影响学习效果，什么都记不住，可事实上，有研究表明，选好音乐能够开发右脑，从而提高学习记忆效率。因此，青少年在学习记忆的过程中，应有意识地打破自己的思维定式。

那么，如何突破思维定式呢？我们可从以下几个方面入手：

1. 突破书本定式

有位拳师，熟读拳法，与人谈论拳术滔滔不绝，拳师打人，也确实战无不胜，可他就是打不过自己的老婆。拳师的老婆是一位不知拳法为何物的家庭妇女，但每每打起来，总能将拳师打得抱头鼠窜。

有人问拳师："您的功夫都到哪里去了？"

拳师恨恨地说："这个死婆娘，每次与我打架，总不按路数出招，害得我的拳法都没有用场！"

拳师精通拳术，战无不胜，可碰到不按套路出招的老婆时一筹莫展。

"熟读拳法"是好事，但拳法是死的，如果盲目运用书本知识，一切从书本出发，以书本为纲，脱离实际，这种由书本知识形成的思维定式反而使拳师遭到失败。

"知识就是力量。"但如果是死读书，只限于从教科书的观点和立场出发去观察问题，不仅不能给人以力量，反而会抹杀我们的创新能力。所以学习知识的同时，应保持思想的灵活性，注重学习基本原理而不是死记一些规则，这样知识才会有用。

2. 突破经验定式

在科学史上有着重大突破的人，几乎都不是当时的名家，而是学问不多、经验不足的年轻人，因为他们的大脑拥有无限的想象力和创造力，什么都敢想，什么都敢做。下面的这些人就是最好的例证：

爱因斯坦 26 岁提出狭义相对论；贝尔 29 岁发明电话；西门子 19 岁发明电镀术；巴斯噶 16 岁写成关于圆锥曲线的名著……

3. 突破视角定式

法国著名歌唱家玛迪梅普莱有一个美丽的私人林园，每到周末总会有人到她的林园摘花、拾蘑菇、野营、野餐，弄得林园一片狼藉，肮脏不堪。管家让人围上篱笆，竖上"私人园林禁止入内"的木牌，均无济于事。玛迪梅普莱得知后，在路口立了一些大牌子，上面醒目地写着："请注意！如果在林中被毒蛇咬伤，最近的医院距此 15 千米，驾车约半小时即可到达。"从此，再也没有人闯入她的林园了。

这就是变换视角，变堵塞为疏导，果然轻而易举地达到了目的。

4. 突破方向定式

萧伯纳（英国讽刺戏剧作家）很瘦，一次他参加一个宴会，一位大腹便便的资本家挖苦他："萧伯纳先生，一见到您，我就知道世界上正在闹饥荒！"萧伯纳不仅不生气，反而笑着说："哦，先生，我一见到你，就知道闹饥荒的原因了。"

"司马光砸缸"的故事说明了同样的道理。常规的救人方法是从水缸上将人拉出，即让人离开水。而司马光急中生智，用石砸缸，使水流出缸中，即水离开人，这就是逆向思维。

逆向思维就是将自然现象、物理变化、化学变化进行反向思考，如此往往能出现创新。

5．突破维度定式

在一块土地上种 4 棵树，怎样使它们之间的距离都相等？

答案是将其中一棵树种在山顶上。找不到答案的原因是习惯于平面思维，没有建立立体的空间思维习惯，而现代化大都市的交通都是立体思维的产物。

只有突破思维定式，你才能把所要记忆的内容拓展开来，与其他知识相联系，从而提高记忆效率。

第四章

思维是记忆之源

思维训练无处不在

我们前面已经提到，思维，就是人脑对客观事物的本质属性和内在规律的反映，是人类揭示事物的内在本质属性和规律性的心理活动。

与某些动物相比，人类的肢体构造实在没有什么可称道的地方：手掌不如老虎的锋利，眼睛不如鹰隼的锐利，双脚追不上奔跑的兔子，鼻子不如小狗的灵敏，听力更是连小小的蝙蝠都不及……人的每一种生理器官都不具有"特异性"，似乎适合做任何事情，可又都做得不好，如果仅仅依靠这些平常的器官，人类真应该悲哀至极了——别说征服自然，自身都难保。可是恰恰就是这种生理器官的"非特异性"，为人类的登峰造极提供了无穷的可能性。

很显然，人类的神奇力量并非来自肢体而是来自人类头脑所独有的思维功能。就像法国思想家帕斯卡曾经说过的：

"人不过是一株芦苇，是自然界中最脆弱的东西；可是，人是有思想的。要想压倒人，世界万物并不需要武装起来；一缕气，一滴水，都能置人于死地。但是，即便世界万物将人压倒了，人还是比世界万物要高出一筹；因为人知道自己会死，也知道世界万物在哪些方面胜过了自己，而世界万物一无所知。"

现在许多青少年的学习，往往是被动的、死记硬背式的学习。学生总是在不停地记忆内容，却不知道该怎样记忆才能又快又好又有效。他们突破不了一贯的定式思维。

其实，换个思路，我们将会海阔天空，即把所要记忆的知识置于一个问题背景当中，使记忆变得生动有趣，激发自己的学习兴趣，就会让自己取得意想不到的效果。

有位心理学家做了一个试验：把狗和鸡放在一个两侧用墙、前方用铁丝网围住的地方，在网外放上饲料。结果，有趣的事情发生了，鸡笔直地向饲料方向冲去，当然，给铁丝网挡住了，到达不了饲料跟前，急得在网前乱撞。狗则不然，它对饲料、铁丝网及周围的墙环视了一会儿，马上向后转，绕过右侧的墙，跑到铁丝网的对面，吃到了饲料。

这虽是个动物试验，但仔细一想就会发现，我们在记忆时很多情形与之相似。有的人总是固执地采用一种方式，于是常碰壁；有的人则迂回思考，常能巧妙地绕过障碍，取得意想不到的效果。

比如，如果单纯记忆圆周率小数点后 100 位是极其困难的事情，但如果更换一种思路就能很容易地记住了。

我们可以将其分为 5 个一组的谐音代码：

（3.14159）　　　（26535）　　　（89793）

山巅一寺一壶酒，二楼吴三虎，八舅吃酒山，

（23846）　　　（26433）　　　（83279）

耳扇爬四楼，二楼是珊珊，爬山尔吃酒，

（50288）　　　（41971）　　　（69399）

五岭二爸爬，四姨灸七姨，六舅三舅舅，

（37510）　　　（58209）　　　（74944）

三七勿要动，五爸两桶酒，吃死酒是死，

（59230）　　　（78164）　　　（06286）

五舅两三同，七爸一楼死，冻楼二爸楼，

（20899）　　　（86280）　　　（34825）

尔同八舅舅，爬楼尔爸痛，山狮怕二狐，

（34211）　　　（70679）

山狮哎哟哟，七幢楼吃酒。

代码转换后可以联想记忆：山巅一寺一壶酒，二楼（有个）吴三虎，（他和）八舅吃酒山，（看到）耳扇爬四楼；二楼（上）是珊珊，（刚刚）爬山尔吃酒，（她看到）五岭二爸爬，（后来）四姨灸七姨；六舅三舅舅（使用）三七勿要动，（后来）五爸两桶酒，（喝了后）吃

死酒是死；五舅两三同（和）七爸一楼死，（再看）冻楼二爸楼，（这是）尔同八舅舅爬楼，尔爸痛（时看到）山狮怕二狐，（这样）山狮哎哟哟（然后大家到）七幢楼吃酒。

这种顺口溜的人物和情节虽然比较荒谬，但是只要能充分引发背记者的联想思维，不管情节是什么，不管现实生活中是否可能存在这样的事实，只要能够帮助记忆，我们就达到了目的。

许多人总觉得自己头脑简单，不会记忆思维。其实，训练思维的机会随时、随处都有，只要经常进行思维训练，就是用你的感知能力帮助在处理输入信息的脑部区域建立新的联系。经常这样做，你的思维就会越来越敏捷，记忆力就会越来越快速，越来越有效。

思考的力量

思考是一种思维过程，也是一切智力活动的基础，是动脑筋及深刻理解的过程。而积极思考是记忆的前提，深刻理解是记忆的最佳手段。

在识记的时候，思维会帮助把所记忆的信息快速地安顿在"记忆仓库"中的相应位置，与原有的知识结构进行有机结合。在回忆的时候，思维又会帮助我们从"记忆仓库"中查找，以尽快地回想起来。思维对记忆的向导作用主要表现在以下几点：

1. 概念与记忆

概念是客观事物的一般属性或本质属性的反映，它是人类思维的主要形式，也是思维活动的结果。概念是用词来标志的。人的词语记忆就是以概念为主的记忆，学习就要掌握科学的概念。概念具有代表性，这样就使人的记忆可以有系统性。如"花"的概念包括了各种花，我们在记忆菊花、茶花、牡丹花等的材料时，就可以归入花的要领中一并记住。从这个角度讲，概念可以使人举一反三，灵活记忆。

2. 理解与记忆

理解属于思维活动的范围，它既是思维活动的过程，是思维活动的方法，又是思维活动的结果。同时，理解是有效记忆的方法。理解了的事物会扎扎实实地记在大脑里。

3. 思维方法与记忆

思维的方法很多，这些方法都与记忆有关，有些本身就是记忆的方法。思维的逻辑方法有科学抽象、比较与分类、分析与综合、归纳与演绎及数学方法等；思维的非逻辑方法有潜意识、直觉、灵感、想象和形象思维等。多种思维方法的运用使我们容易记住大量的信息并获得系统的知识。

此外，思维的程序与记忆有关。思维的程序表现为发现问题、试作回答、提出假设和进行验证。

那么，我们该怎样来积极地进行思维活动呢？

第一，多思。

多思指思维的频率。复杂的事物，思考无法一次完成。古人说："三思而后行。"我们完全可以针对学习记忆这样说："三思而后行，三思而后记。"反复思考，一次比一次想得深，一次有一次的新见解，不停止于一次思考，不满足于一时之功，在多次重复思考中参透知识，把道理弄明白，事无不记。

第二，苦思。

苦思是指思维的精神状态。思考，往往是一种艰苦的脑力劳动，要有执着、顽强的精神。《中庸》中说，学习时要慎重地思考，不能因思考得不到结果就停止。这表明古人有非深思透顶达到预期目标不可的意志和决心。据说，黑格尔就有这种苦思冥想的精神。有一次，他为思考一个问题，竟站在雨里一个昼夜。苦思的要求就是不做思想的怠惰者，经常运转自己的思维机器，并能战胜思维过程中所遇到的艰难困苦。

第三，精思。

精思指思维的质量。思考的时候，只粗略地想一下，或大概地考量一番，是不行的。朱熹很讲究"精思"，他说："……精思，使其意皆若出于吾之心。"这也就是说，精思就是要融会贯通，使书的道理如同我讲出去的道理一般。思不精怎么办？朱熹说："义不精，细思可精。"细思，就是细致周密、全面地思考，克服想不到、想不细、想不深的毛病，以便在思维中多出精品。

第四，巧思。

巧思指思维的科学态度。我们提倡的思考，既不是漫无边际的胡思乱想，也不是钻牛角尖，它是以思维科学和思维逻辑作为指南的一种思考。是科学的思考，我们不仅要肯思考，勤于思考，而且要善于思考，也就是说，在思考时要恰到好处地运用分析与综合、抽象与概括、比较与分类等思维方式，使自己的思考不绕远路，卓越而有成效。

要发展自己的记忆能力，提高自己的记忆速度，就必须相应地去发展思维能力，只有经过积极思考去认识事物，才能快速地记住事物，把知识变成对自己真正有用的东西。掌握知识、巩固知识的过程，也就是积极思考的过程，我们必须努力完善自己的思维能力，这无疑也是在发展自己的记忆力，加快自己的记忆速度。

另类思维的创造性

"零"是什么，是一个很有趣味性的创造性思维开发训练活动。"零"或"0"是尽人皆知的一种最简单的文字符号。这里，除了数字表意功能以外，请你发挥创造性想象力，静心苦想一番，看看"0"到底是什么，你一共能想出多少种，想得越多越好，一般不应少于30种。

为了使你能尽快地进入角色，现作如下提示：有人说这是零，有人说这是脑袋，有人说是地球，有人说这是宇宙。几何教师说"是圆"，英语老师说"是英文字母 O"，化学老师讲"是氧元素符号"，美术老师讲"画的是一个蛋"，幼儿园的小朋友们认为是"面包圈"、"铁环""项链""孙悟空头上的金箍""杯子""叔叔脸上的小麻坑"……另类思维就是能对事物作出多种多样的解释。

之所以说另类思维创造记忆天才，是因为所谓"天才"的思维方式和普通人的传统思维方式是不同的。一般记忆天才的思维主要有以下几个方面：

1. 思维的多角度

记忆天才往往会发现某个他人没有采取过的新角度。这样培养了他的观察力和想象力，同时能培养思维能力。通过对事物多角度的观察，在对问题认识得不断深入中，就记住了要记住的内容。大画家达·芬奇认为，为了获得有关某个问题的构成的知识，首先要学会如何从许多不同的角度重新构建这个问题，他觉得，他看待某个问题的第一种角度太偏向于自己看待事物的通常方式，他就会不停地从一个角度转向另一个角度，重新构建这个问题。他对问题的理解和记忆就随着视角的每一次转换而逐渐加深。

2. 善用形象思维

伽利略用图表形象地体现出自己的思想，从而在科学上取得了革命性的突破。天才们一旦具备了某种起码的文字能力，似乎就会在视觉和空间方面形成某种技能，使他们得以通过不同途径灵活地展现知识。当爱因斯坦对一个问题做过全面的思考后，他往往会发现，用尽可能多的方式（包括图表）表达思考对象是必要的。他的思想是非常直观的，他运用直观和空间的方式思考，而不用沿着纯数学和文字的推理方式思考。爱因斯坦认为，文字和数字在他的思维过程中发挥的作用并不重要。

3. 天才设法在事物之间建立联系

如果说天才身上突出体现了一种特殊的思想风格，那就是把不同的对象放在一起进行比较的能力。这种在没有关联的事物之间建立关联的能力使他们能很快记住别人记不住的东西。据说，德国化学家弗里德里·凯库勒梦到一条蛇咬住自己的尾巴，从而联想到苯分子的环状结构。

4. 天才善于比喻

亚里士多德把比喻看作是天才的一个标志。他认为，那些能够在两种不同类事物之间发现相似之处并把它们联系起来的人具有特殊的才能。如果相异的东西从某种角度看上去确实是相似的，那么，它们从其他角度看上去可能也是相似的。这种思维能力加快了记忆的速度。

5. 创造性思维

我们的思维方式通常是复制性的，也就是说，以过去遇到的相似问题为基础。

相比之下，天才的思维则是创造性的。遇到问题的时候，他们会问："能有多少种方式看待这个问题？""怎么反思这些方法？""有多少种解决问题的方法？"他们常常能对问题提出多种解决方法，而有些方法是非传统的，甚至可能是奇特的。

运用创造性思维，你就会找到尽可能多的可供选择的记忆方法。

诺贝尔奖获得者理查德·费因曼在遇到难题的时候总会萌发出新的思考方法。他觉得，自己成为天才的秘密就是不理会过去的思想家们如何思考问题，而是创造出新的思考方法。你如果不理会过去的人如何记忆，而是创造新的记忆方法，那你总有一天也会成为记忆天才。

千言万语不及一张"图"

思维导图是运用图文并重的技巧，表达放射性思维的有效的思维工具。放射性思考是人类大脑的自然思考方式，每一种进入大脑的资料，不论是感觉、记忆或是想法——包括文字、数字、符码、食物、香气、线条、颜色、意象、节奏、音符等，都可以成为一个思考中心，并由此中心向外发散出成千上万的关节点，每一个关节点代表与中心主题的一个联结，每一个联结又可以成为另一个中心主题，再向外发散出成千上万的关节点，而这些关节的联结可以视为你的记忆。思维导图是最能善用左右脑的功能，借由颜色、图像、符码的使用，有效增强你的记忆能力，最高效地提高你的记忆速度的思维方式。

自人们接受学校的教育以来，在阅读或学习过程中，为记住学习内容，养成了按顺序做常规笔记的习惯。然而与传统笔记相比，思维导图对我们的记忆和学习产生的关键作用有：

（1）只记忆相关的词可以节省时间：50%到95%。

（2）只读相关的词可节省时间：90%多。

（3）复习思维导图笔记可节省时间：90%多。

（4）不必在不需要的词汇中寻找关键词可省时间：90%。

（5）集中精力于真正的问题。

（6）重要的关键词更为显眼。

（7）关键词并列在时空之中，可灵活组合，改善创造力和记忆力。

（8）易于在关键词之间产生清晰合适的联想。

（9）做思维导图的时候，人会处在不断有新发现和新关系的边缘，鼓励思想不间断和无穷尽的流动。

（10）大脑不断地利用其皮层技巧，越来越清醒，越来越愿意接受新事物。

让我们举一个简单的例子来说明这个观点：

上课听讲一般都需要记笔记，常常都不能及时将课堂上老师讲的内容进行归纳总结，课堂上的笔记也仅仅是对老师讲解内容的机械复制（而且这种复制常常是不完全的），相互之间没有关联、没有重点。等到课后再想总结，由于时过境迁，对授课内容记忆已经不再完全，课堂笔记便成为残缺不全的、不系统的知识记录，对于今后复习的价值已经不大。

而如果你采用"思维导图"为工具记录笔记，那么将老师讲解的一些可信内容记下来，并且将这些核心内容之间的联系用线条连接起来。此时，你的思维重点、思维过程以及不同思路之间的联系就可以清晰地呈现在图中。这样的课堂笔记不仅能够迅速帮你进行归纳总结，而且整堂课的授课过程形象地被记录在图中，以后复习时，只需将这幅图从头到尾再过一遍，那么当时的授课情景就会在你的脑海里重现一遍，这对于今后的复习无疑也是极大的帮助。

那么该如何绘制思维导图呢？

第一，拿到课文例如《背影》，用大约 10 分钟的时间，对于所要记忆的内容作一整体的了解，根据书本的目录做一张思维导图。

第二，根据课本的目录、自己对课本内容的难易度了解，把自己准备投入的时间分配到书的各个章节，并把它标注到我们刚刚完成的思维导图上。时间 5 分钟。

第三，选取书中的第一章，浏览《背影》课本的内容，并用彩色铅笔把书中看到的关键词、概念、名词解释，用不同的颜色进行标注。看完第一遍后，再顺着我们刚才标注的关键词，再一次进行快速阅读。如果有遗漏的内容，及时作出标注。时间大约 10 分钟至 30 分钟。

第四，根据自己标注的关键词制作思维导图，如有不清楚的内容，可以作出标记，继续阅读下面的内容，直至整个章节的思维导图做完。如果本章的内容分节太多或内容量太大，可以分成几张思维导图来制作。时间大约 10 分钟。

第五，学完文章后，需要检测自己对本章的知识掌握的情况如何。可以拿出一张空白纸，合上书本，根据自己的记忆和理解画出思维导图。画完后，把它与自己通过看课本做的思维导图进行比较和对照，看看哪些知识和内容自己已经掌握，然后对相应的内容进行强化学习。

第六，依次按照上面的二到五，分别作出其他文章的思维导图的学习和复习。

最后，把根据所有的内容完成的思维导图汇总成一张大的思维导图，对这张图进行复制，并做本书的总的知识的掌握。

在我们平常的学习过程中，我们就应该注意把课堂和书本的知识，用思维导图整理好。临近考试时，把学习笔记进行小结，并制成思维导图。然后把思维导图上色，突出重点，并为每门功课制作一张巨大的、总的思维导图，还可在每门课程各章节中插入一些事例，以帮助自己加强记忆。通过这种方式，就能弄清楚一些更详细内容是在何处以何种方式连接起来的。此外，能对课程有更好的整体认识，这样，就可以十分精确地回忆，"蜻蜓点水"般地在该门课程的各个章节之间穿行。

坚持每周复习一次思维导图，越临近考试就要越有规律。试着不看书或者其他的任何笔记来回忆思维导图，并简要地画出自己所能记忆的知识以及对这门课程的理解的思维导图，并将这些思维导图与总的思维导图进行对比，找出其中的差别。然后进一步做整理和修正，加强对于还未掌握好的那部分的记忆。

创造力高于智力

在当今各国，创造力备受重视，被认为是跨世纪人才必备的素质之一。什么是创造力？创造力是个体对已有知识经验加工改造，从而找到解决问题的新途径，以新颖、独特、高效的方式解决问题的能力。人人都有创造力，创造力的强弱制约着、影响着记忆力的强弱，创造力越强，记忆的效率就越高，反之则低。

这是因为要有效记忆就必须大胆地想象，而生动、夸张的想象需要我们拥有灵活的创造力，如果创造力也得到了很大的锻炼，记忆力自然会随着提升。

有创造力的表现有以下 3 个特征：

（1）变通性。思维能随机应变，举一反三，不易受功能固着等心理定式的干扰，因此能产生超常的构想，提出新观念。

（2）流畅性。反应既快又多，能够在较短的时间内表达出较多的观念。

（3）独特性。对事物具有不寻常的独特见解。

我们可以通过以下几种方法激发创造力，从而增强记忆力：

1. 问题激发原则

青少年经常接触大量的信息，但没有把所接触的信息都存储在大脑里，这是因为他们的头脑里没有预置着要搞清或有待解决的问题。如果头脑里装着问题，大脑就处于非常敏感的状态，一旦接触信息，就会从中把对解决问题可能有用的信息抓住不放，从而加大了有效信息的输入量，这就是问题激发。

2. 使信息活化

信息活化就是指这一信息越能同其他更多的信息进行联结，这一信息的活性就越强。储存在大脑里的信息活性越强，在思考过程中，就越容易将其进行重新联结和组合。促使信息有活性的主要措施有：

（1）打破原有信息之间的关联性。

（2）充分挖掘信息可能表现出的各种性质。

（3）尝试着将某一信息同其他信息建立各种联系。

3. 信息触发

人脑是一个非常庞大而复杂的神经网络，每一次的信息存储、调用、加工、联结、组合，都促使这种神经在一定程度上发生变化。变化的结果使得原来不太畅通的神经通道变得畅通一些，本来没有发生联结的神经细胞突触联结了起来，这样一来，神经网络就变得复杂，神经元之间的联系就更广泛，大脑也就更好使。同时，当某些神经元受信息的刺激后，它会以电冲动的形式向四周传递，引起与之相联结的神经元的兴奋和冲动，这种连锁反应，在脑皮质里形成了大面积的活动区域。可见，"人只有在大量的、高档的信息传递场中，才能使自己的智力获得形成、发展和被开发利用"。经常不断地用各种各样的信息去刺激大脑，促进创造性思维的发展和提高，这就是信息触发原理。

总之，创造力不同于智力，创造力包含了许多智力因素。一个创造力强的人，必须是一个善于打破记忆常规的人，并且是一个有着丰富的想象力、敏锐的观察力、深刻的思考力的人。而所有这些特质，都是提升记忆力所必需的，毋庸置疑，创造力已经成为创造非凡记忆力的本源和根基。

创新思维：让惊奇不断

正如拿破仑说的一样：每个人都有巨大的创造力。但不是每个人都能够把心中的创造力表现出来，发挥出来，成为自己能够运用的能力。青少年朋友们应该找到一把钥匙，开启心中创造之门，唤醒沉睡的创造力。

下面我们来做一个思维游戏，测试一下大家的创新思维素质。游戏的规则是这样，参加者至少有两人，请你们在纸上快速写出联想到的词汇，比如大海——鱼——渔船——天空，并且越多越好。

如，（1）电——电话——电视——电线——电灯——电冰箱——食品——鸡蛋……

（2）电——闪电——雷鸣——暴雨——彩虹——太阳——宇宙——外星人……

（3）电——能源——石油——战争——伊拉克——美国——科技——强大……

（4）电——危险——机遇——成功——能力——艺术——自然——规律……

（5）电——风筝——节日——情人——红豆——袁隆平——荣誉军人……

我们很明显能看出，在这几种答案中，第五种思维跳跃度最大，第一位同学的思维跳跃度最小。

然后，你思考一下对方是如何把这些词语联想在一起的。比如电——风筝这两个词是如何联想在一起的。

你会想到什么呢？

如例：由"电"联想到"风筝"是想到一个故事，当年科学家富兰克林从事电学的研究，他在家里做了大量实验，研究了两种电荷的性能，说明了电的来源和在物质中存在的现象。在18世纪以前，人们还不能正确地认识雷电到底是什么。当时人们普遍相信雷电是上帝发怒的说法。一些不信上帝的有识之士曾试图解释雷电的起因，但都未获成功，学术界比较流行的是认为雷电是"气体爆炸"的观点。在一次试验中，富兰克林的妻子丽德不小心碰倒了莱顿瓶，一团电火闪过，丽德被击中倒地，面色惨白，足足在家躺了一个星期才恢复健康。这虽然是试验中的一起意外事件，但思维敏捷的富兰克林由此想到了空中的雷电。他经过反复思考，断定雷电也是一种放电现象，它和在实验室产生的电在本质上是一样的。于是，他写了一篇名叫《论天空闪电和我们的电气相同》的论文，并送给了英国皇家学会。但富兰克林的伟大设想遭到了许多人的嘲笑，有人甚至嗤笑他是"想把上帝和雷电分家的狂人"。

富兰克林决心用事实来证明一切。有一天，阴云密布，电闪雷鸣，一场暴风雨就要来临了。富兰克林和他的儿子威廉一道，带着上面装有一个金属杆的风筝来到一个空旷地带。富兰克林高举起风筝，他的儿子则拉着风筝线飞跑。由于风大，风筝很快就被放上高空。刹那间，雷电交加，大雨倾盆。富兰克林和他的儿子一道拉着风筝线，父子俩焦急地期待着，此时，刚好一道闪电从风筝上掠过，富兰克林用手靠近风筝上的金属杆，立即掠过一种恐怖的麻木感。他抑制不住内心的激动，大声呼喊："威廉，我被电击了！"随后，他又将风筝线上的电引入莱顿瓶中。回到家里以后，富兰克林用雷电进行了各种电学实验，证明了天上的雷电与人工摩擦产生的电具有完全相同的性质。风筝实验的成功使富兰克林在全世界科学界中名声大振。英国皇家学会给他送来了金质奖章，聘请他担任皇家学会的会员。

通过这个故事我们了解到实际上的完整思维过程是：电——富兰

克林——实验——风筝。在表述的时候思维快速跳跃省去了其中的两步，直接由"电"联想到"风筝"。这种大跨度跳跃式的思维方式不仅思维速度快，而且更容易激发大脑中的灵感。有鉴于此，在培养创新思维时我们需要特别强化训练跳跃联想的能力，使大脑突破习惯思维的窠臼，在远离常识、常规之外发现闪光的创意。

关于跳跃联想的训练比较复杂，在这里主要介绍两种简单的跳跃联想训练方法：

1. 自由联想训练

即随便找一个词汇起头，在规定的时间内快速联想，就像刚才我们做的思维游戏一样，要求想到的词组概念越多越好，这是训练思维联想的速度。

2. 强制联想训练

即随机找两个不相关的事物，要求尽可能多地想出它们之间的相关联系或相同点，比如：大海——羽毛球，有什么联系，有哪些相同点等等。这种训练可以帮助我们提高大脑思维的跨度。

创造力是人内心最本原的能量，也是提升记忆力的不竭动力源泉，青少年朋友们应不断培养自身的创造力。

发散思维：让思路更广阔

发散思维记忆是指在记忆过程中，不拘泥于一点或一条线索，而是从已有信息出发，尽可能向各个方向扩展，不受已知的或现存的方式、方法、法规、范畴的约束，并且从这种扩散、辐射和求异的思考中，求得多种不同的解决办法，衍生出多种不同的结果。这种思路好比自行车车轮一样，许多辐条以车轴为中心沿直径向外辐射。发散思维是多向的、立体的和开放型的思维。

发散思维可以使人思路开阔、思维敏捷、使记忆不拘一格，变得活泼有趣。我们应该有意识地训练自己的发散思维。

1. 激发求知欲，训练思维的积极性

思维的惰性是影响发散思维的障碍，而思维的积极性是思维惰性的克星。所以，培养思维的积极性是培养发散思维的极其重要的基础。

2. 转换角度思考，训练思维的求异性

发散思维活动的展开，其重要的一点是要能改变已习惯了的思维定式，而从新的思维角度去思考问题，以求得问题的解决，这也就是思维的求异性。从认知心理学的角度来看，青少年由于年龄的特征，往往表现出难以摆脱已有的思维方向，也就是说学生个体（乃至于群体）的思维定式往往影响了对新问题的解决，以至于产生错觉。所以要培养与发展自己的抽象思维记忆能力，必须十分注意培养思维求异性，使学生在训练中逐渐形成具有多角度、多方位的思维方法与能力。

3. 变式引申，训练思维的广阔性

思维的广阔性是发散思维的又一特征。思维的狭窄性表现在只知其一，不知其二，稍有变化就不知所措。反复进行一题多解、一题多变的训练，是帮助学生克服思维狭窄性的有效办法。

要强化自己的发散思维，就必须不断进行思维训练，如：

训练1：尽可能多地写出含有"人"字的成语。

训练2：尽可能多地写出有以下特征的事物。

（1）能用于清洁的物品。

（2）能燃烧的液体。

训练3：尽可能多地写出近义词。

（1）美丽。

（2）飞翔。

训练4：解释词语。

（1）存亡绝续。

（2）功败垂成。

训练5：尽可能多地列举下列物体的用途。

（1）易拉罐。

（2）水泥。

训练6：以同一个发音为发散思维点，将元音读音与字母读音联系起来。

\ ［ei \ ］——A，H，J，K；

\ ［i：\ ］——E，B，C，D，G，P，T，V；

\ ［ai \ ］——I，Y；

\ ［e \ ］——F，L，M，N，S，X，Z；

\ ［ju：/u：\ ］——O，U，W；

\ ［ou \ ］——O；

\ ［a：\ ］——R。

逆向思维：反常规而行

逆向思维记忆是指为了达到记忆的目的，将通常记忆问题的思路反转过来，以背逆常规、常理、常识的方式，更有效记忆的一种思维方法。我们举一个例子来说明什么是逆向思维，我国著名的速算专家史丰收，念小学二年级的时候，有一次他在课堂上突然想到：数学为什么一定要从右到左，从低位数开始呢？阅读和书写都是从左到右，计算机是不是也能从左到右，从高位数开始呢？沿着这一思路，通过不懈努力，他终于创造了驰名中外的"史丰收速算法"。根据这一原理，青少年记忆历史，常规的思维模式是"按时间顺序从古代到近代"，而逆向思维记忆中，我们可以从现在发生的事情分析事情发展的前因，从而达到有效记忆的目的。这就和古罗马的阿基米得利用水的浮力和物体的排水量来鉴定国王的金冠的思维方法是一样的。都运用了逆向思维。逆向思维的形式主要有逆向反转、背逆常规和重点转移等。

1. 逆向反转

逆向反转包括功能性反转、结构性反转和因果关系反转。其中，因果关系反转是指通过改变已有事物的因果关系来引发新的设想和解决问题的新思想。

2. 背逆常规

背逆常规就是用反常规的方法去思考问题。近年来比较流行的逆反健身就是背逆常规的一种表现。逆反健身是指一种反人体正常状态的锻炼方法，如倒立、倒吊、倒走等。人们平常大都处于直立状态，此时头脑供血受阻，氧气、养分供应不足，以至于神经系统易疲劳；同时，长时间直立行走、久坐容易造成下肢静脉曲张及疝气、痔疮等疾病。有人通过练习倒立、倒吊，居然治疗效果显著。一方面，倒立使头脑供血增多，新陈代谢加快，疲劳随之消除；同时此举能强化胸腹腔内脏周围的支持组织的功能，防止胃下垂、肾下垂、下肢静脉曲张、疝气、痔疮等因重力影响形成的疾病。

3. 重点转移

重点转移就是把问题的重点从一方面转换到另一方面。在科学研究或日常生活中，常会出现一些出人意料的现象，如能不为原有的思维所束缚，抓住偶然现象跟踪追击，则可能导致新奇的创造发明。英国细菌学家弗来明为了深入研究葡萄球菌，便对葡萄球菌进行人工培养，但在培养的过程中，因青霉孢子的侵入，葡萄球菌被杀伤，使培养失败。这时弗来明便把注意力转移到破坏他实验的青霉孢子身上，最终发明了可以使人类平均寿命延长10年的抗生素。

训练1：

（1）找反义词

①嘶哑——清脆，嘹亮　　②顺从——抗拒，违逆

③冷漠——热情，热心　　④解放——束缚，奴役

⑤画蛇添足——画龙点睛　　⑥硕大无朋——沧海一粟

（2）有个人带着自己的女儿到学校去，老师和同学都承认这个小

孩是这个人的女儿，但是小孩就是不承认这个大人是她的父亲。请你回答这是什么原因？（母亲。）

（3）某医生告诉一濒危病人：你已经不行了，你想见见谁？请从逆向思维的角度猜猜病人的回答。（我想见见别的医生。）

（4）为防止钢铁生锈，通常的做法是在钢铁表面涂上一层油漆以抗氧化，请你通过逆向思维考虑，是否还有别的方法？（氧化防锈。）

训练2：

（1）第383期《正大综艺》曾提出这样一个问题：日本一位72岁的老木匠，他在钉钉子之前，总是先把钉子含在口里，这是为什么？有几种回答：①为了润滑，以便钉的时候阻力小一些；②为了防锈；③为了记数；④为了防止钉的时候颠倒。正确答案是对其中某一答案进行逆向思维的结果。（让钉子快点生锈，不易脱落。）

（2）"1+2"何时不等于3？（算错了的时候。）

（3）有一个人出国以后发现他周围全是中国人，这是为什么？（外国人到中国来了。）

（4）吃苹果时，发现一条虫，比这更可怕的事情是什么？（半条虫，另半条被自己吃掉了。）

（5）写出勾股定理："直角三角形两直角边 a，b 的平方和，等于斜边 c 的平方。即 $a^2 + b^2 = c^2$"的逆定理。（若 $a^2 + b^2 = c^2$，则这个三角形为直角三角形。）

联想思维：在事物间找到关联性

联想是人的头脑中记忆和想象联系的纽带。由人对事物的记忆而引发出思维的联想，记忆的许多片段通过联想形式进行衔接，转换为新的想法。主动的、有意识的联想能够积极而有效地促进人的记忆与思维。

联想是赋予若干对象之间一种微妙的关系，青少年在学习过程中对知识产生联想而形成了特有的印象，而对知识的记忆随着人的思维活动形成了知觉与感觉形象的联系。

联想有依据具体形象进行直接的、相关的联想形式，也有概念相近的或多种元素组合起来进行联想的形式，有的甚至是看似毫不相干的几个因素通过中间因素的转折达到联想的目的，事实上它们之间可能存在着某种内在的联系，如同西方的一个谚语"如果大风吹起来，木桶店就会赚钱"，这句话是怎样运用联想的呢？当大风吹起来的时候——沙石就会满天飞舞——以致瞎子增加——琵琶师傅待会增多——越来越多的人以猫的毛替代琵琶弦——因而猫会减少——结果老鼠相对地增加——老鼠会咬破木桶——所以做木桶的店就会赚钱。只不过这种联系不是每个人都能够发现并运用的。所以青少年需要进行必要的联想思维训练，这样的训练能够培养你广泛联想的能力。使记忆能够更有效、更深刻。

训练1：词语的连接

用下面词语组织一段文字，要求必须包含所有的词语。

词语：神经错乱 科学月刊 稀少 聪明 天空 消息 手语 树木 符号 卵石 太阳 模式 间谍 玻璃 池水 橱窗 暴风雨 波状曲线 细胞

例文1

她心神不定地坐在走廊的椅子上，随手翻着一本科学月刊，那是一种图片稀少，但内容芜杂的刊物。她翻着，看到聪明、天空、消息、手语、树木、符号、卵石、太阳、模式、间谍、玻璃、池水、橱窗、暴风雨、波状曲线、细胞等一些乱七八糟的词语，就像一间杂货铺，尽情地展示着自己的存货。她把杂志扔到身旁，一时间，心里烦乱不堪，各种各样的感觉纷纷袭来。

例文2

对于由神经错乱而引起的"联想狂"病症，康宁博士在一家科学月刊上有较为详尽的分析。博士指出，这是一种稀少的病症，可是病患不容易治愈。患者往往自以为极端聪明，能发现常人所不能发现的情况。比方他们可以从天空云彩的变幻得知电视台节目的预告，风吹过树木的摇摆是某种意义的手语，一处污斑往往是一个透露着征兆的符号……博士分析了一个病例，患者把卵石看成太阳分裂后的碎块，并建立了一种如下的思维模式：猫就是间谍，玻璃是池水的表层部分凝固而成，橱窗为暴风雨的侵袭提供支持，波状曲线是细胞。

例文 3

这突如其来的消息使她一时间神经错乱，平时喜欢阅读的科学月刊被胡乱地丢到地上。走近窗前，她看到树木上稀少的叶片，在太阳下闪烁着刺目的光，仿佛是一种预兆的符号，可惜以前她没有读懂。真弄不明白，像她这样的聪明人，怎么会是一个间谍？记得曾经一起讨论那些暴风雨的模式时，她似乎想透露什么，然而最终他只是望着当街的橱窗玻璃，那上面有一道奇怪的波状曲线。"池水里的卵石上有无数细胞。"她说，然后打了一个无聊的手语……

训练 2：完成一篇文章

比如我们就写鹰。以鹰作为联想的中心。我们可以建立如下的联想：

（1）与鹰有关的事物：鹰巢、鹰画、鹰标本、鹰笛（猎人唤鹰的工具）、鹰架、鹰的训练步骤及注意事项……

（2）鹰本身的事物：鹰的食物（食谱）、鹰的卵及孵化、鹰眼、鹰爪、鹰的羽毛、鹰的鼻子以及耳朵、鹰的翅膀、鹰的飞翔能力……

（3）与鹰有关的一些概念："左牵黄，右擎苍……"（辛弃疾）、打猎、雄鹰展翅、大展宏图、猎猎大风、迅捷、搏兔捕蛇……

（4）与鹰有关的精神：拼搏到底、不怕挫折、信念坚定、勇于挑战、崇尚大自然、独来独往、无限自由……

形象思维：让大脑与万物间产生"通感"

注重形象思维训练，有益于培养思维敏捷的记忆人才。实践表明，运用形象思维策略再创造形象，对提高记忆和学习的效率，有极好的效果。

你可以选择听着适当的音乐来想象，例如想象自己站在煦暖的春天的原野里。在脑子里面描绘花开蝶舞的风景，并想象自己身处风景中感到无限欣慰。想象自己没有愤怒，没有不安，没有不满，心和风景融为一体，悠闲轻松。这个时候，不仅能看到一望无边的广阔绿野，还能够听到远处传来的牛叫，闻到凉爽的风儿吹来的草的气息，感到蝴蝶飞到鼻子上，痒痒的。从篮子里拿出三明治来吃，嘴里充满面包、火腿和鸡蛋的香味……像这样把看、听、触、尝、闻五感全部使用上的想象很重要。

形象记忆是右脑的功能之一，加强形象记忆可促进形象思维的发展，在听音乐时可以听记旋律、记忆主题、默读乐谱、反复欣赏、活跃思维。

爱因斯坦说："如果我在早年没有接受音乐教育的话，那么，在什么事业上我都将一事无成。在科学思维中，永远有着音乐的因素，真正的科学和音乐要求同样的思维过程。"因此，在听音乐时要有计划、有目的培养自己的多种思维形式，各种音乐环节中必须始终贯穿形象思维训练，促进记忆的提升。

你还可以通过下面的方法训练自己的形象思维：

1. 小人想象

做法如下：

（1）冥想、呼吸使身心放松。

（2）暗示自己的身体逐渐变小，比米粒和沙子还小，变成了肉眼看不见的电子一般大小的小人，能进入任何地方。

（3）想象自己走进合着的书的里面，看看书里面写的什么故事，画的什么样的画。

2. 木棒想象

首先让身体处于一种紧张的状态，想象自己僵直得如同木棒一般，然后逐渐松弛下来，放松身体。反复重复上述训练可以起到深化你的冥想能力的作用。

（1）在床上静卧，闭上双眼。按照自己的正常速度，重复进行 3 次深呼吸。

（2）然后恢复到正常呼吸状态，接下来想象自己的身体变成一根坚硬的木棒，感觉自己又仿佛变成了一座桥梁，在空中划出一道有韧性的弧线，如此重复。好，身体变得僵直、坚硬。

（3）感觉身体开始松弛、变软。

（4）再次僵直、变硬，变得越来越坚固，好。

（5）迅速恢复松弛、柔软的状态。

（6）再一次变得僵硬起来。

（7）身体重新松弛下来。下面重复进行 3 次深呼吸。在呼气的时候，努力进行更深层次的放松，感觉大脑处于一种冥想的出神状态，并逐渐上升至更高级别的层次。

（8）下面你从 1 数到 10，在数数的过程中，想象你自己冥想的级别也在逐步提升，努力认真地想象自己冥想的级别在不断深化。

（9）下面开始数：

（1、2），冥想的级别在逐渐深化。

（3、4），进一步深化。

（5、6），更进一步的深化。

（7、8），更为深入的深化。

（9、10），已进入较高层次的深化。

（10）接下来，开始进行颜色想象训练。一开始先想象自己面前 30

厘米处出现一个屏幕，然后想象屏幕上出现红、黄、绿等颜色。首先进行红色的想象，然后看到眼前出现红色。

（11）下面，红颜色消失，逐渐变成黄色。就这样想象下去。

（12）接下来，黄颜色消失，逐渐变成绿色。

（13）下面开始想象你自己家正门的样子，已经开始逐渐看清楚了吧，对，想得越细越好。直到完全可以清楚地看到为止。

（14）下面，打开房门，走进去，看看屋子里面是什么样的。

（15）现在可以清醒过来了。开始从 10 数到 0，感觉自己心情舒畅地醒来。

第五章
高效能记忆的方法

根据生理特点找准记忆频道

我们在前面的章节中提到要保证自己正常的作息。现在在这里，我们要提到看似与上述观点矛盾其实不然的另一个观点：利用最有效的时间记忆，也就是说，如果你晚上的记忆最佳，那就利用晚上记忆的时间。我们建议大家最好不要熬夜，晚上一定要充分休息，主要是因为熬夜伤害身体，全身的各个器官无法得到妥善休息，从而影响记忆与学习。但任何事情都不能一概而论。

一般来说，看书50分钟，就应该让自己休息10分钟，可以起身做个伸展运动，到处走动走动，喝点水，让自己深呼吸，或者轻轻闭上眼睛，完全放松10分钟。但如果此时你记忆得非常投入，就不必拘泥于"现在一定要起身休息"的原则，因为有时候在非常投入的阶段被打断，注意力和集中力很难恢复到原有的水平，结果休息反而使你的记忆效率打了折扣。

记忆时间、睡眠时间、休闲时间的安排应该灵活，不必迷信固定的生理时钟。有些人会说："我越到晚上精神越好，记忆效率越佳！"也有些人对这种情形不以为然，认为晚上不睡觉是有碍健康的，应该强迫自己调回"正常"的生理时钟。但强迫自己调整有可能会招来更严重的反效果——白天精神涣散，夜晚早早就躺在床上翻来覆去，结果使睡眠质量更加低下。

其实，一日中的最佳记忆时间因人而异，大体来讲，主要有百灵鸟型、猫头鹰型、亦此亦彼型及混合型4种。

1. 百灵鸟型

有些习惯于"日出而作，日落而息"的人感悟到，一到白天就像百灵鸟那样欢快——脑细胞进入高度兴奋状态，记忆效率在某一时间段特别高。

据说，艾青的最佳写作时间是上午8—9点钟。

有的人最佳记忆时间是在上午8—10点钟，午睡后的2—3点钟的记忆效率也很高。

2. 猫头鹰型

有些习惯于夜战的人感悟到，一到夜间就像猫头鹰那样活跃——脑细胞进入高度兴奋状态，记忆效率在某一时间段特别高。

中国有些名人待夜幕一降临便身心俱安，养成了夜间写作的习惯，像鲁迅、巴金、何其芳等。

法国作家福楼拜有挑灯写作、彻夜不眠的习惯，以至通宵亮着的灯光竟然成了塞纳河上的航标。

3. 亦此亦彼型

有些人则感悟到，起床后或临睡前的一段记忆时间效率最高，思维也最敏捷。

中国的姚雪垠、陈景润等习惯于早晨3点钟开始工作。

美国小说家司格特说过，觉醒和起床之间的半小时才是非常有助于他发挥创造性的任何工作的黄金时刻。

达·芬奇喜欢在睡觉前或睡醒后，独自于黑暗中躺在床上，将自己已研究过的物体的轮廓以及其他经过深思熟虑而理解了的事物，运用想象回忆一遍，以加深印象。

4. 混合型

有些人既有百灵鸟的最佳记忆时间段，又有猫头鹰型的最佳记忆时间段，即一日内有两个最佳时间段。

美国有人对100多名医院护士进行了每日中不同时间段的记忆功能测验，结果发现：一些人的最佳记忆时间是上午的8—10点钟和晚间的8—10点钟。他们的感悟是，经过一夜睡眠，大脑疲劳的细胞得到充分的休息，对事物的反应、联想都很敏捷，思维能力转强；夜间安静，注意力易于集中，思维迅捷。

总之，根据自己的生理特点找出可以让自己达到最高记忆效率的时间，这样记忆才能达到最佳效果。

学会细致的观察

记忆就像一台存款机，要先有存款才能取款。记忆也先要完成记忆的输入过程，之后你才能将这部分信息或印象重现出来。

这样就有一个存入多少、存什么的问题，也就是你记忆的哪方面的内容以及真正记忆了多少或是印象有多深，这就有赖于观察力了！

进行观察力训练，是提高观察力的有效方法。下面介绍几种行之有效的训练方法：

训练1：

选一种静止物，比如一幢楼房、一个池塘或一棵树，对它进行观察。按照观察步骤，对观察物的形、声、色、味进行说明或描述。这种观察可以进行多次，直到自己能抓住主要观察物的特征为止。

训练2：

选一个目标，像电话、收音机、简单机械等，仔细把它看几分钟，然后等上大约一个钟头，不看原物画一张图。把你的图与原物进行比较，注意画错了的地方，最后不看原物再画一张图，把画错了的地方更正过来。

训练3：

画一张中国地图，标出你所在的那个省的省界，和所在的省会，标完之后，把你标的与地图进行比较，注意有哪些地方搞错了，不过地图在眼前时不要去修正，把错处及如何修正都记在脑子里，然后丢开地图再画一张。错误越多就越需要重复做这个练习。

在你有把握画出整个中国之后就画整个亚洲，然后画南美洲、欧洲以及其他的洲。要画得多详细由你自己决定。

训练4：

以运动的机器、变化的云或物理、化学实验为观察对象，按照观察步骤进行观察。这种观察特别强调知识的准备，要能说明运动变化着的形、声、色、味的特点及其变化原因。

训练5：

随便在书里或杂志里找一幅图，看它几分钟，尽可能多观察一些细节，然后凭记忆把它画出来。如果有人帮助，你可以不必画图，只要回答你朋友提出的有关图片细节的问题就可以了。问题可能会是这样的：有多少人？他们是什么样子？穿什么衣服？衣服是什么颜色？有多少房子？图片里有钟吗？几点了？等等。

训练6：

把练习扩展到一间房子。开始是你熟悉的房间，然后是你只看过几次的房间，最后是你只看过一次的房间，不过每次都要描述细节。不要满足于知道在西北角有一个书架，还要回忆一下书架有多少层，每层估计有多少书，是哪种书，等等。

让记忆达到滚瓜烂熟的程度

我们知道，烧水最高达到100度，不管再加多大火力水温都不会超过100度。

记忆则不同，记忆到可以100%正确回忆的程度时还不够。如果一个材料记上10遍可以达到完全正确回忆的目的，那么，我们称重复10遍为100%的学习，如果仅学5遍，就是50%的学习，15遍则是150%的学习。

换句话说，如果4次即可正确地回忆，最好再多复习两次。

宋朝大史学家司马光幼时记忆很不好，为治学决心训练记忆力。

别人游玩，他闭门攻读，学习孔子"韦编三绝"的治学精神，一遍记不住，再来一遍……直到读得滚瓜烂熟，才肯罢休。后来，司马光不仅学业大进，记忆力也越来越强。

这种记忆方法，心理学上称为"过度记忆"，即我们对于学过的知识，要想得到长久的记忆，就必须进行彻底学习，在记忆材料的基础上多记几遍，达到熟记、牢记的程度。

心理学家的实验证明，低度学习的材料容易遗忘，过度学习的材料则比恰能成诵的材料保持得好一些。过度学习法的精神实质可能大多数同学在学习过程中或多或少都有所体会。

过度学习的原理是通过加大刺激强度和提高大脑细胞的兴奋程度来提高记忆。一般知识和日常事物，如同过眼烟云，而遇险的场景、受辱的情景和自己用心思考写成的文章终生难忘。其差别在于后者刺激强度大。一次严肃的考试，你很容易答出的题会很快忘记其内容，而很费劲儿才答出的题或者没有答上来的题，会长时间不忘。这在心理学上叫作"蔡戈尼效应"。

根据这一原理，信息经过一定通路进入大脑，并按照一定的神经元回路不断重复回转，这一状态还要经过一定时间才能巩固。因此，建议青少年在学习中，要适当地运用过度学习的方法，否则记忆的内容很容易遗忘。

尽管我们一再强调，过度学习有利于提高信息的保持量，即复习次数越多，记忆保持率就越高。但过度记忆不等于过分记忆或疲劳记忆。过度记忆有一个"度"在里面，如果超过这个"度"，记忆效率就会不升反降。实验证明，假如以数字100表示为适足，即刚好能背诵时所花时间，则过度记忆在100～150的最为经济，150～200的学习不够合算，150是最佳时间或次数。虽然保持量总体会增多，但得不偿失。因此，过度记忆法不是没有时间和次数的限制，"适足"的时间或次数则效果不够显著；过多的"过度"会使人疲劳、厌倦，注意力涣散。

学而时习之

很多中学生都会有这样的烦恼，已经记住了的外语单词，语文课文，数理化的定理、公式等，隔了一段时间后，就会遗忘很多。怎么办呢？解决这个问题的主要方法就是要及时复习。

复习是指通过大脑的机械反应使人能够回想起自己一点也不感兴趣的、没有产生任何联想的内容。艾滨浩斯的遗忘规律曲线告诉我们：记忆无意义的内容时，一开始的 20 分钟内，遗忘 42%；1 小时后，遗忘 56%；9 小时后，遗忘 64%；1 天后，遗忘 66%；2 天后，遗忘 73%；6 天后，遗忘 75%；31 天后，遗忘 79%。古希腊哲学家亚里士多德曾说："时间是主要的破坏者"。我们的记忆随着时间的推移逐渐消失，最简单的挽救方法就是重习，或叫作重复。

我国著名科学家茅以升在 83 岁高龄时仍能熟记圆周率小数点以后100 位的准确数值，有人问过他，记忆力如此之好的秘诀是什么，茅先生只回答了 7 个字"重复、重复再重复"。可见，天才并不是天赋异禀，正如孟子所说："人皆可以为尧舜。"佛家有云："一阐提亦可成佛。"所言甚是。

虽然重复能有效增进记忆，但这不代表盲目地重复，重复也应当讲究方法。第一遍记完之后停顿一下，然后重复第二遍。在重复第三遍之前再停顿一下，然后再重复第二遍。在重复第三遍之前再停顿一下，这是因为：凡在脑子中停留时间超过 20 秒钟的东西才能从瞬间记忆转化为短时记忆，从而得到巩固并保持较长的时间。当然，这时的信息仍需要通过复习来加强。

那么，每次间隔多久复习一次是最科学的呢？

一般来讲，间隔时间应在不使信息遗忘的范围内尽可能长些。例如，在你学习某一材料后一周内的复习应为 5 次。而这 5 次不要平均地排在 5 天中。信息遗忘率最大的时候是：早期信息在记忆中保持的时间越长，被遗忘的危险就越小。所以在复习时的初期间隔要小一点，然后逐渐延长。

我们可以比较一下集合法和间隔法记忆的效果。

如要记住一篇文章的要点，你又应怎样记呢？

你可以先用"集合法"，即把它读几遍直至能背下来，记住你所耗费的时间。

在完成了用"集合法"记忆之后，我们看看用"间隔法"的情况。这回换成另一段文章的要点：看一遍之后目光从题上移开约 10 秒钟，再看第二遍，并试着回想它。如果你不能准确地回忆起来，就再将目光移开几秒钟，然后再读第三遍。这样继续着，直至可以无误地回忆起这几个词，然后写出所用时间。

两种记忆方法相比较，你就会发现，第一种的记忆方式虽然比第二种方法快些，但其记忆效果可能不如第二种方法。许多实验也都显示出间隔记忆要比集合记忆有更多的优点。

间隔学习中的停顿时间应能让科学的东西刚好记下。这样，在回忆印象的帮助下你可以在成功记忆的台阶上再向前迈进一步。

当你需要通过浏览的方式进行记忆时，如要记一些姓名、数字、单词等，采用间隔记忆的效果就不错。假设你要记住 18 个单词，你就应看一下这些单词。在之后的几分钟里自己也要每隔半分钟左右就默念一次这些单词。这样，你会发现记这些单词并不太困难。第二天再看一遍，这时你对这些单词可以说就完全记住了。

在复习时你可以采用限时复习训练方法：

这种复习方法要求在一定时间内规定自己回忆一定量材料的内容。例如，一分钟内回答出一个历史问题等。这种训练分 3 个步骤：

第一步，整理好材料内容，尽量归结为几点，使回忆时有序可循。整理后计算回忆大致所需的时间。

第二步，按规定时间以默诵或朗诵的方式回忆。

第三步，用更短的时间，以只在大脑中思维的方式回忆。

在训练时要注意两点：

一是开始时不宜把时间安排得太紧，但也不可太松。太紧则多次不能按时完成回忆任务，就会产生畏难的情绪，失去信心；太松则达不到训练的目的。训练的同时必须迫使自己注意力集中，若注意力分散了将会直接影响反应速度，要不断暗示自己。

二是训练中出现不能在额定时间内完成任务时，不要紧张，更不要在烦恼的情况下赌气反复练下去，否则会越练越糟。应适当地休息一会儿，想一些美好的事，使自己心情好了再练。

总之，学习要勤于复习，只有这样，记忆的理解效果才会更好，遗忘的速度也会变慢。

让不同的记忆频率交替进行

心理学家研究发现，记忆存在前摄抑制和倒摄抑制，也就是说，前后记忆的内容会相互干扰。

为了降低这种抑制，我们可以对不同识记材料交替记忆，所谓交替记忆就是把不同性质的材料或事物按时间分配，间隔交替进行记忆，缩短连续识记同一种材料的时间，并使前后识记的材料拥有较少相似性。研究表明，内容的相似性越大，相互间的干扰也就越大。即便材料不同，也存在相互干扰。

心理学家曾做过一个实验：用相同频率的电脉冲刺激大脑，刚刺激的时候，神经细胞反应很敏捷，可是反复刺激的时间一长，反应就越来越弱了。休息一段时间以后，或者改变电脉冲的频率再进行刺激，反应才会恢复正常。这就告诉我们：长时间地学习或复习一门功课，效果是不好的。应该让不同学科，比如文科、理科交替进行，这样，记忆的效果才会好。

18世纪法国启蒙思想家卢梭采用间隔交替法读书。他常常这样安排时间：早上攻读哲学，中午翻译地理、历史，还在学习中穿插一些体力劳动。这使他的学业大有长进，记忆效果特别好。

身体要休息，大脑也要休息。要想使大脑长期有效地运转，必须让它有规律地休息。因此，在使用交替记忆法时应注意以下几个问题：

1. 记忆内容要适量

我们现在学习的东西都较多，但遗忘的百分率也就越高，造成记忆困难。因此，不要贪多嚼不烂，欲速则不达。

2. 注意中间休息

不同年龄阶段的人大脑注意力持续的时间是不一样的。一般来说，中学生对一门功课注意力最集中的时间是30~45分钟，大学生能够保持60~70分钟。参加工作后就更长一些，大约两个小时。把握住个人不同的规律，就容易提高记忆的效率。当注意力不集中时，就可以安排一次休息，到户外做做运动，可解除大脑疲劳，又可巩固已学知识。课间操，就是把上午一个记忆序列打断，变成两个记忆序列。午睡，更使上下午之间的抑制降低到最低程度，以恢复下午与晚间学习的精力。

3. 注意体育锻炼

由于长时间思考、记忆，大脑血液会减少，记忆效果随之下降。适时进行体育活动，可以促进全身血液循环，消除疲劳，精神焕发，再进行阅读记忆，从而提高记忆效果。

下面为你提供几种间隔记忆训练方法：

训练1：

把下面所有的项目迅速扫视一遍，然后做其他的事，大约10分钟后检验一下自己能记住多少。

爱迪生	1991	益母草	CAT 正
电灯	救生员	白云	786BB
奥运会	越剧	灰姑娘	安徒生
历史	雅典	丘比特	西游记

训练2：

下面是一次演讲的主题，看完第一遍后，回想一下；再看第二遍，再回想一下；最后看第三遍，看看能记住多少。

①经济出现危机

②出口大减

③国外相似产品的竞争

④海外市场消退

⑤市场规律的作用

⑥生产厂商恶性竞争

⑦国家出口补贴取消

⑧新产品的出现

训练3：

下面是一串长达34个字符的字母与数字的组合。第一天看一遍，第二天看两遍，第三天看三遍……以此类推，看你第几天记住。

B	8	C	4	F	2	C	7	B
G	3	A	5	N	J	M	9	3
P	9	Q	3	V	O	D	X	6
A	3	E	2	H	5	4	W	P

记忆内容分出主次

心理学家曾经做过这样的一个实验：

将没有意义的 15 个拼音字母依次排列，让被实验者复诵几遍。然后，要他们在每个记下来的字母上打"O"，在每个忘的字母上打" * "。结果发现，首尾打"O"的多，而中央第 8 个字母前后打" * "的最少。

这个实验的直观结果就是，实验者对中间的内容忘记的最快，之所以出现这种现象，是记忆的巩固会受到在认知事物后所发生的事件的干扰，这种现象被称为后摄抑制，它在一定程度上能妨碍回忆"存储"的东西。根据在记忆中"相似抵消相似"的原理而产生的干扰，需要记忆的文字、语言或者问题越相似，那种来自于和谐的干扰现象就越明显。如果要求一个人回忆字母系列 CDB，然后要求他重复写出与其发音相似的 CDP，那么第一组字母就很可能被他忘却；如果要求他复写字母 MLE 或 MLM，由于两者发音不同，忘却的可能性就会小一些。这就是为什么在读完一篇科技文章后，接着去读一篇有关历史而不是另一篇科技文章时，效果会更好的道理。

因此，在学习过程中，处于中间阶段的学习活动有可能受到前后两个方面的干扰。而学习过程刚开始的阶段不受前面的干扰，学习最后阶段不受后面的干扰。实践证明，在学习过程中，总是开头和结尾阶段的学习效果比较好。不少同学都有这样的感觉，早晨起床后，记外语单词、背诵课文，取得了较好的效果，其原因除了早晨头脑清醒、精力充沛外，更重要的原因是早晨是一天的开始，开始前没有任何事情发生，学习活动不受"前面"的干扰。也有的学生晚自习或睡觉前记忆外语单词和背课文效果很好，这是因为背完后就休息或睡觉，学习活动不再受其他活动的干扰。

　　睡眠的各个阶段对促进记忆巩固起着积极的作用。其中的一个阶段就是快速眼动睡眠。在这个阶段，人会做梦，在梦中，人的眼睛无意识地在眼皮下面转动，而这时大脑有快速、频繁的电波通过。人们认为，这种电波的作用是神经线路畅通的"润滑剂"：它作用于尚处于不稳定状态的线路（短期记忆取决于这种线路），并能将这种线路转变为更为稳定的线路，这是由于形成了新的突触。为了利用这一过程，学生们应当在睡前复习一个问题的基本要点，这样，构成这一问题的各个"阶梯"就能连贯起来并被牢记。

　　怎样利用记忆的这一特点呢？

　　（1）把重要的事情放在开头和结尾去记，若是讲话，应该把要紧事先讲给大家，结尾时再强调一下。

　　（2）记忆大篇幅的材料，可采取分段记忆法，这样每段都有开头和结尾，就人为地制造了增进记忆的条件。

　　（3）一次记忆若干名词或大题，可改变其次序，每记一次就换一个开头和结尾，平均分配复习的力量。

　　（4）合理地组织识记材料，尽量做到前后相邻的学习内容截然不同，防止抑制作用的发生。例如，刚学完历史，不要去学语文，以减少材料之间的相互影响。

　　采用这种记忆方法，可以达到事半功倍的效果。青少年朋友应该根据内容的重要性适当安排记忆顺序。

第六章

培养良好的记忆习惯

好记忆习惯中来

青少年记忆的特点是时间短、内容少，容易记忆带有快乐、愤怒、恐惧等情绪的事情。随着生活内容的增多、生活范围的扩大，记忆也越来越广泛、复杂，记忆的时间也越来越长。所以，很多时候不是你的记忆力不好，而是你对身边的事物根本就没有上心，根本就没想着去记，或者是不知道应该怎样去记，才出现记不住的现象。所以，培养孩子良好的记忆习惯，是青少年一定要关注的。

现在做个记忆测验，看看你的记忆习惯如何。

请按字母循序记忆下列字母（10 秒钟）：

ozerostartomusicom

请记忆下列文字（45 秒）：

蓝天白云云白天蓝蓝云天白云白天蓝蓝白天云云天白蓝蓝天白云云天白蓝

现在请你回顾你刚才是怎样记忆的？

许多同学一听到要记忆的指令，马上就开始读，重复地读，直到能记下或被停止为止，你是不是这样？如果是这样，你必须改变你的记忆习惯。因为你很快就会忘记你刚记住的。

其实，只要有良好的记忆习惯，每个人都可以快速记住。

如可以把第一串字母记成"o – zero – start – o – music – o – m"

这样一来，你就在理解的基础上记住了它。你为什么没有这么记呢？是因为你的糟糕记忆习惯在作怪。从小到大，我们一听到老师说"记"，马上产生条件反射——反复"诵读"。很少有人在开始背诵前先仔细分析要记的材料，并尽力去寻找记忆的方法。所以我们一直忍受着"前记后忘"的折磨。

其实，当你养成了找方法的习惯后，记忆是非常有趣的。

不信，你可以试试，如：

1. 在理解的基础上记忆

死记硬背，不但不易记住，即使暂时记住了，也会很快忘记。如果能把要记忆的知识弄懂、搞通，就好记了。

2. 学会归纳材料后记忆

青少年时期会遇到很多需要记忆的内容，这些内容大都是零散无序的。如果能够学会归纳分类记忆，记忆时会更有针对性。那么就会起到事半功倍的效果。

3. 习惯联想记忆

我们在学习与看书时往往不易记住一些数字、年代。如果你善于联想记忆，让要记忆的东西来跟已知的东西做连接。就会提升记忆效率。

4. 记忆内容时保持情绪稳定

心情焦躁、压力过大势必影响记忆效果，如果在记忆时全身心投入，不想记忆以外的事情，久而久之，效果就会提升。

5. 奖赏你的记忆力

奖赏会激发你的记忆潜力，你可以适当地采取一些措施奖赏你的记忆力。

如你全有这些习惯，那你再加上之前我们学到的记忆方法，那么你已经是个记忆奇才；如果在这些习惯中你有十之七八，那也是记忆高手；如果你没有这其中的大多数习惯，那就请你参加记忆训练，用学习养成自己增强记忆的好习惯，用训练提高自己的记忆能力。

不求甚解是记忆的大忌

中国法学家张友渔在谈自己的学习经验时说："我学习的特点之一，是重思考，不太重记忆。在读私塾的时候，有'回讲制度'，就是在老师讲过之后，学生去复习两三天，然后讲给老师听。老师可以根据学生'回讲'的情况来检查学生的学习效果。我在'回讲'时，经常比一般的同学讲得好。有人说我的记忆力好，把老师讲的话全记熟了，其实不是，我是用思考帮助记忆。我在听老师讲的时候，经过思考，完全理解了老师讲的意思，所以就记得。"

从这段话我们可以看出，张友渔之所以能够记得老师讲过的内容，就是他是在理解的基础上记忆，而不是像其他同学那样机械记忆。

在理解的基础上记忆是以理解材料内容为前提的。这种理解不仅指看懂了材料，而且包括搞懂了材料各部分之间的逻辑联系，以及该材料和以前的知识经验之间的关系。使要记忆的材料纳入已有的知识结构，以便保持在记忆中。记忆的全面性、牢固性、精确性及迅速有效性，依赖于学习者对材料理解的程度。

很多青少年朋友总觉得自己的记忆力大不如前了。上小学的时候只要记上一遍就够了。而上了中学之后，经常会出现以下的现象：

（1）总是忘记已经背好的英语单词。

（2）考试之前背的东西马上就会忘记。

（3）单元测试的时候，答案在脑子里若隐若现，但就是想不起来。

（4）以前认真记过的公式，很久没有使用就忘得一干二净了。

（5）主要靠背诵记忆的科目，成绩总是不理想。

其实，之所以会出现这种状况，主要是由于随着年龄的增长，要记忆的知识越来越多、越来越复杂，小学阶段单纯的机械记忆已经不能满足这种记忆的需要了。

这就要求青少年要养成理解记忆的习惯，只有这样，才能让你的记忆力更好、更快。

关于这个问题，我们做一个简单的测验来证明。请大家对下面的两组材料来进行记忆。

第一组材料：

"泰国首都曼谷"的全称是"恭贴玛哈那空"，阿蒙功达纳哥信，玛杏特拉瑜地耶，"玛哈底陆魄"，诺帕功特"纳拉察他尼"布里隆，乌童拉察尼卫玛哈萨旦，阿蒙劈曼阿哇又萨蒂，萨格塔底耶维萨奴甘巴席。共 67 个字。

第二组材料：

李白的《望庐山瀑布》

日照香炉生紫烟，遥看瀑布挂前川。

飞流直下三千尺，疑是银河落九天。

王之涣的《登鹳雀楼》

白日依山尽，黄河入海流。

欲穷千里目，更上一层楼。

王维的《鹿柴》

空山不见人，但闻人语响。

返景入深林，复照青苔上。

3 首诗共 68 个字

怎么样？要把第一组的 67 个字都背下来，可不是一件容易的事，恐怕比记圆周率小数点之后 67 位还要难得多吧？而第二组的这 3 首诗的总字数比泰国首都全名还要多一个，可是只要读几遍也就会背了。这是为什么呢？原因就是我们在理解的基础上进行了记忆。

我们在记忆材料的时候，只要它是有意义的，就应该向自己提出"先理解、后记忆"的要求，把材料分成大小段落和层次，找出它们之间的逻辑联系，而不要从一开始就逐字逐句地记忆。

例如背古文，如果不把古文的意思弄懂，那么就会像背天书一样，非常吃力。如果把古文里的实词、虚词都弄懂了，把全篇的中心意思掌握了，这时再背，就是在理解的基础上记忆，背起来就有兴趣得多，也快得多，印象也深得多。

我们说理解记忆效率高、效果好，是不是说只要理解了就一定能记住呢？这可不一定。对于理解的东西，往往还需要多次重复才能记住。有的人理解了某个学习内容，就以为学习过程已经结束，没有下意识地要求自己记住它们，不再通过重复加深印象，那样，是不可能把学习内容完全、准确地记住的。

从记忆本身来说，凡是大脑积极思考过的事物，即使没有记忆它的打算，对它的基本内容也留有深刻印象。比如，我们看了一场电影，而后把影片的故事情节讲给别人听，和别人一起评论影片的思想内容和艺术特色，又写成观后感贴在墙报栏里。经过这些思维活动，你对这部影片内容的记忆肯定要比那些看过就算了的影片多。尽管你自己没有提出任何记忆要求，但智力活动在不知不觉中提高了你的记忆效果。

以愉快心情学得的，会永远记着

心理学家波卫尔指出：郁闷会影响记忆力，动不动就自我否定或者老是处于懦弱、郁闷的情绪当中，都是注意力或记忆力的大敌。郁闷的情绪会钝化信息的吸收和重现，使脑内的化学现象产生变化，以致注意力的层级降低，减少使注意力集中的能力。因此，为了能更快、更好地记忆，我们最好尽量避免郁闷心情的出现，让自己始终保持乐观的心态。

你是否一而再、再而三地找出种种理由推迟该做的事情，尽量逃避记忆这个苦差？你是否这样抱怨过你的记忆力："我就是缺乏信心。"

"我太爱分心。""我有点心不在焉。""试着记住？算了吧，我有点累了。""我很难长时间集中于某事。""我就是没有情绪去做。"……

一旦这种抱怨成为习惯，你就会放弃记忆，从而使自己的记忆力越来越差。在这个阶段中，你面临的最大问题，是如何稳定自己的情绪，使记忆不受到干扰。并尽可能带着好的情绪去记忆，从而取代抱怨的坏习惯。

有人做过这样的实验：一组人，坐在舒适的椅子上，甚至半仰着身子，在那里读书；另一组人，坐在硬板凳上，从事紧张的演算工作。过了若干时刻，前一组人很快就疲倦了，产生了一种入睡的感觉；而另一组人，身心集中，精神亢奋。结果，后一组人记忆效果要比前一组人高出10%。

心理学家库特·莱米恩把这种情形概括为"紧张状态"，是指某种行为向完成状态过渡的趋势。这个时候，人的兴致最高。比如，端来一盘食物，吃到大半的时候，你可能就饱了，但还是想把盘子里东西吃完不可，否则，就感到别扭。再比如，小孩玩游戏，玩到兴头上谁叫他他也不理，既不觉得饿，也不觉得累，非要玩完游戏才罢休。

同样的道理，在兴致最高的时候，人的记忆功能也最有效。

因此，从理论上说，寻找借口，放松自己，实际上就随意破坏了记忆系统的"紧张状态"，使之不能连续正常工作，结果，浪费了时间，什么都记不住。

在改进记忆效能的过程中，还有一种几乎叫人意识不到的情绪在严重地影响着你的记忆力的提高。这种情绪，即成见，或曰先入之见。

先入之见怎么会妨碍记忆呢？请先看两个实验。

第一个实验是回忆照片内容。在英法战争期间，实验者请一些将赴战场的预备军官看一张照片。照片上是两个荷枪实弹的士兵肉搏厮杀的场面，英国兵正背对着镜头，手持刺刀，向对面冲来的手拿来福枪的士兵刺去。

看了一两秒钟，然后把照片拿走，要求被试者叙说照片上的内容。回答几乎差不多，他们都回忆说，他们对迎面冲来的法国兵印象极深，相反，对英国兵的进攻印象模糊。这说明，他们对战争早就抱有某种先入为主的畏惧感，从而在大脑中留下清晰印象。

第二个实验是回忆讲话内容。被试者对政治都很有兴趣，且政见分明。一派信奉共和党，另一派赞成民主党，把他们聚在一起听讲演。讲演的内容全是有关国家大事、政治要闻什么的。讲演前，告诉他们这是记忆实验，讲演的内容一定要认真记忆，但当时不准备提问，而是在 3 周以后才提问。

讲演的内容作了仔细安排，其中一半是斥责民主党的内容，另一半内容是为共和党唱赞歌。

3 周后的回忆测试表明：追随共和党的人牢牢记住了斥责民主党的讲话内容，信奉民主党的人则仅仅记住了与他们观点相一致的内容。

这两个实验足以说明，先入之见如何影响着记忆效果。

如果你听到或看到的东西，恰恰是你事先有所预想，或者有所期冀的内容，那么，你就很容易记住它们；相反，如果你听到或看到的东西，恰恰是你本来就不感兴趣，甚至是反感的内容，那么，你就很难记住它们。

这两个试验告诉我们如果你始终觉得自己不能按计划行事，那本身就是一种先入之见。这种成见，迫使你承认对自己的计划不感兴趣，甚至反感，从而放弃任何努力，那不是最大的错误吗？

因此，青少年朋友应该放弃消极的情绪暗示，充分调动自己的积极情绪，使记忆不再受不良情绪的干扰。

多给记忆一些正面的肯定

就像运动员得到奖励会受鼓励、不断进取一样，你也应该及时奖赏你的记忆的进步，这必然会刺激自己的记忆能力有更大的提高。

对记忆的"奖赏"与我们日常用的诸如奖励、报偿等是大不相同的。首先，在日常生活中，该奖励的而不奖励，可能会打击当事人的积极性，从此懈怠消极下去；而在记忆活动中，该奖赏的而不奖赏，就有可能分散注意力，使记忆活动不能正常进行下去。其次，在日常生活中，奖励的时间不合适，至多起不到应有的作用；而在记忆活动中，倘若奖赏时间不合适，不仅起不到应有的作用，反而会适得其反，要花费更"昂贵"的代价。

为了让你准确理解"奖赏"这个词，请你仔细阅读下面的话，并要认真思考其中提到的问题。

我们知道，记忆本身并不是一件令人开心的事。记忆时，会使大脑增加多余的负担，所以每当记忆时，大脑就会浮现出自己更喜欢做的事，而迫使精神分散，妨碍正常的记忆功能。这时，如果再想记忆，困难就更多了一层，因为必须先排除杂念，再集中注意力，然后再来记忆。

那么在记忆的过程中会有哪些杂念来打扰你呢？你可以自己把它写下来，如：

（1）阅读头几章时，有无关本书的念头干扰你；

（2）曾放下书去倒一杯水；

（3）曾去给某位同学打电话；

（4）曾打开过收音机，去听听你所喜爱的歌；

（5）你无意看到诱人的糕点糖果后，会放下书去拿几块来吃；

……

也许你觉得这些总是很无聊，其实不然。它们对你来说是有意义的，至少它们显示了你在学习过程中是否分心，而且这种分心是否能转换成令人愉悦的奖赏，从而更有效地刺激你的记忆。

如果打扰你记忆的念头太多，你肯定就不大可能全神贯注地阅读了，你的记忆已被分心干扰了，你的记忆链条必然会被打断，从而很难再集中注意来弥合已断裂的记忆链。但对于分心我们也不能一概而论，如果你仅仅被一两个念头或举止打断，那就不一定是坏事。此时，你不一定要急于排除这些念头，恰恰相反，而是有意地找出这些念头，使之成为你心中潜在的目标。你应告诫自己：只有完成了这件事，才能满足自己的欲求。这样，你就能利用这些念头作为诱导物，从而就容易突破这种记忆障碍。比如，当你完成了预定的记忆内容后，就不妨打开收音机，喝杯水，吃点糖果什么的来奖赏自己。

但是，我们必须强调的是，奖赏你的记忆力只能在你真正完成记忆内容后，没有记忆完，决不能迁就自己。只有这样，你才能更有效地提高你的记忆能力，才会使分心这个消极因素转换成积极因素。

奖赏的目的，不是让你全身放松，而是让你小有满足之后，更专心致志于你的工作。奖赏自己的另外一个功能，奖赏本身就是一件令人愉快的事情，自然能在脑海中留下清晰的印记。一段时间以后，你可能忘记了某些记忆的细节，但是，你很容易联想到当时奖赏自己的快乐心情，这样，你就能回想起当时记忆的内容了。因此，这种奖赏要求：

（1）奖赏要注意分寸。就是说你不能给自己的奖赏过大，不能使自己从正在记忆的事情中分离出去太久。如看电影只会转移你的注意力，这种奖赏不但不能使你的记忆力进步，反而会让你什么都就记不住。

（2）奖赏要注意时间。奖赏应在完成某些具体工作后才能获得，如果为了获得这种奖赏，匆匆完成了表面的工作。那反倒对记忆有害了。

只要了解了奖赏记忆力的方法和要求，相信你的记忆会得到长足的进步。

对记忆材料进行总结归纳

归纳是将零散、杂乱无章的知识进行排队、归类、总结和推理，然后纳入头脑中已有的知识结构和记忆网络中。这种方法可以达到"异中求同"的效果，可以将很多看起来毫无联系的知识归在一起并进行有效记忆。

记忆材料必须系统化、条理化，记忆才能准确、高效。有人形象地把记忆比作图书室的卡片柜子，各种知识、信息都分门别类地储存到它应放的地方，需要时，只要拉开某一个抽屉，就能获得所需的材料。同时，记忆材料要及时总结，找出规律性的东西，达到举一反三、触类旁通的效果。许多老师的教学实践也充分证明了这一点。

例如，中国古代史就可按政治、经济、民族、对外、文化5个大方向来串线。政治方面又可按朝代的变迁、中央集权制度的发展、改革措施的变化、军事战争的情况等项目来串线；经济方面又可按政策措施、农业、手工业和商业等来串线；文化方面可按天文历法、数学、医学、建筑、文学、艺术等来串线；民族关系方面可按地域或民族、国家来串线。

归纳记忆法的好处是便于分辨，并且有系统，重点资料易掌握。准备考试时用此方法可以节省许多时间。

如把中国近代史上发生的重大事件可归纳为"五四三二一"来记忆。即：

五次重大战争——鸦片战争、第二次鸦片战争、中法战争、中日甲午战争、八国联军侵华战争；

四个主要不平等条约——《南京条约》《马关条约》《辛丑条约》《二十一条》；

三次革命高潮——太平天国运动、义和团运动、辛亥革命；

两个阶级产生——无产阶级和民族资产阶级产生；

一次失败的变法——戊戌变法。

如果把归纳材料培养成自己记忆过程中的习惯，就需要培养我们的归纳能力。为此，我们可以从以下几个方面着手：

1. 整体把握

归纳是从个别现象的研究入手，依据研究目的，对个别对象进行分类整合。如中国古代中央集权制、中国历史上的土地问题和中国古代的民族关系问题等。将相同时间、相同空间、同一性质或同一事件有关联的一系列史实排列在一起，这样就能轻而易举地找出反映本质特点的结论。而分类归纳和识记对象就成了归纳推理的基础。

2. 全面考察

归纳推理包括完全归纳推理和不完全归纳推理两种。完全归纳推理的结论一般比较严谨可靠。由于学生的历史知识有限，实际上学习中大多是运用不完全归纳推理。在这种情况下，为保证历史结论的准确性和可靠性，一定要注意做到尽可能全面地考察历史。关于这一点，我们在学习的时候不仅要注意到能够证明历史结论的正面事实，更要注意到那些表面看似无关甚至貌似相反的史实例证。只有这样，所作出的历史结论才更全面、更可靠、更深刻。

3. 挖掘本质

每一个事实都有本质和非本质的若干特征，归纳的目的是删减非本质的内容，找出反映事实共有的本质特征。例如，分析法国二月革命、俄国1905年革命、俄国二月革命和中国新民主主义革命这些民主革命的共同性，就可以从原因、领导者、时代背景、斗争对象、影响大小等方面去研究。运用归纳推理，上述4次革命共同的、能反映本质特点的结论则是：革命是以专制统治者或是专制残余势力为斗争对象。因此，只有不断地探索事物本质才能发展记忆的思维能力，才能掌握记忆的规律和方法。

总之，我们要学会并习惯于对记忆材料进行归纳、整理，以便更好地理解、把握、记忆材料。

第七章

积极开发右脑

右脑的功能

　　人的脑部构造分为大脑与小脑，脑又分为左、右两半部，右半球是"右脑"，左半球是"左脑"。左脑与右脑形状相同，功能却大不一样。一般人的脑力的运用不到3%，剩下待开发的部分是脑力与潜能表现优劣与否的关键。

　　诺贝尔奖获得者、美国科学家斯佩里研究发现，左脑是理性脑，同逻辑思维紧密相连，主要担负抽象思维、抽象记忆和言语记忆等功能。而右脑是感情脑，同形象思维紧密相连，主要担负形象思维、形象记忆和形状空间感知等功能。形象记忆理论的核心思想就是：人类右脑记忆和存储形象材料的效果要远远好于左脑记忆和存储抽象材料的效果，并且右脑的记忆量为左脑的100万倍。后来，日本学者春山茂雄研究认为，左脑是自身脑，只储存个人毕生经验；而右脑是祖先脑，储存了人类500万年在进化中所积累的智慧，赋予人直觉、灵感、顿悟、创意等，其信息量为左脑的十万、百万乃至千万倍以上，是人的思维的"基础软件"。

　　只可惜我们大部分人在日常生活、学习和工作的记忆实践中，没有很好地、主动地去运用右脑。千百年来，人们使用的记忆方法不外乎机械记忆和理解记忆两种，记忆的材料不外乎形象材料和抽象材料两种。在我们的日常学习和工作中，所需要记忆的材料则大多是抽象的语言材料。机械记忆记的是没有理解的语言文字、公式符号等内容，这些内容是抽象的，属于左半球负载的内容；理解记忆记的是理解了的语言文字、公式符号、概念定理的意义，表达这种意义的载体是语言文字和公式符号，虽然记忆者理解其意义，但意义本身也是抽象的，因而记忆者记忆的内容仍是抽象的，仍属于左半球负载的范围。因此，多少年来，从人们在学习和工作中惯常运用的记忆方法看，无论是机械记忆，还是理解记忆，大多数情况都是靠左半球负载的，右半球则闲着，或只起被动的辅助和衬托作用。由于没有主动地运用"人类右脑记忆和存储形象材料的效果要远远好于左脑记忆和存储抽象材料的效果"这一特点，因而人们在记忆的效率，尤其是记忆抽象材料的效率上，始终没有取得突破性的提高。

右脑开发专家七田真博士请大家一定要相信右脑记忆的能力，开发了右脑记忆就可以在大脑中构筑起"过目不忘"的记忆系统。这种记忆不只是单纯的记忆，还是创造力的飞跃性提高，将获得有别于常人的想象力。

右脑记忆能够提高人的智力，使应该记忆的材料愈加丰富。大脑是活的程序，是一台巨大的计算机，但由于受到了左脑的影响，右脑无法充分发挥作用。学习摆脱左脑的影响，利用右脑记忆，就可以使大脑的生理机能发生巨大变化，产生完全不同的效果。

开启了右脑记忆大门的人能够把看过的东西变成图像在脑海里重现。这种右脑记忆能够把只"瞥"过一眼的内容也以图像的形式记在脑海里，所以读一本书可以用5分钟迅速翻过，然后就这样全部记在脑子里了！

我们在日常生活中可以做一些小练习开发你的右脑，如，每天抽出5至10分钟的时间做"深呼吸"，对右脑的启发有很大的帮助。一旦右脑受到开发，其所具备的能力并不是仅有单一项目而已，如体育、音乐、算术、语言等，一并具有启发效果。

左右脑同时并用

左右脑分工理论告诉我们，运用左脑，过于理性；运用右脑，又容易流于滥情。从 IQ（学习智能指数）到 EQ（心的智能指数），便是左脑型教育沿革的结果；而将"超个人"这种所谓的超常现象，由心理学的层面转向学术方面的研究，更代表了人们有意再度探索全脑能力的决心。若能持续地进行右脑训练，进而将左脑与右脑好好地、平衡地加以开发，则记忆就有了双管齐下的可能：由右脑承担形象思维的任务，左脑承担逻辑思维的重任，左右脑协调，以全脑来控制记忆过程，自然会取得出人意料的高效率。发挥大脑右半球记忆和储存形象材料的功能，使大脑左右两半球在记忆时共同发挥作用，使大脑主动去运用它本身所独有的"右脑记忆形象材料的效果远远好于左脑记忆抽象材料的效果"这一规律。这样实践的效果，理所当然地会使人的记忆效率事半功倍，实现提升记忆力的目的。

另据生理学家研究发现，除了左右半脑在功能上存在巨大差异，大脑皮层在机能上也有精细分工，各部位不仅各有专职，并有互补合作、相辅相成的作用。

由于长期以来，人们对智力的片面运用以及不良的用脑习惯的结果，不仅造成了大脑部分功能负担过重，学习和记忆能力下降，而且由此影响了思维的发展。

为了扭转这种局面，就需要运用全脑开动，左右脑并用。

1. 使左右半脑交叉活动

交叉记忆是指记忆过程中，有意识地交叉变换记忆内容，特别是交叉记忆那些侧重于形象思维与侧重于抽象逻辑思维的不同质的学习材料，以使大脑较全面地发挥作用。记忆中，还可以利用一些相辅相成的手段使大脑两半球同时开展活动。

2. 进行全脑锻炼

全脑锻炼是指在记忆中，要注意使大脑得到全面锻炼。大脑皮层在机能上有精细的分工，但其功能的发挥和提高还要靠后天的刺激和锻炼。由于大脑皮层上有多种机能中枢，要使这些中枢的机能都发展到较高水平，就应在用脑时注意使大脑得到全面的锻炼。

比如在记忆语言时，由于大脑皮层有 4 个有关语言的中枢——说话中枢、书写中枢、听话中枢和阅读中枢，所以为了使这些中枢的机能都得到锻炼，就应当在记忆时把说、写、听、读这几种方式结合起来，或同时进行这几种方式的记忆。

我们以学习语言为例，说明如何左右脑并用。为了学会一门语言，一方面必须掌握足够的词汇，另一方面，必须能自动地把单词组成句子。词汇和句子都必须机械记忆，如果你的记忆变成推理性的或逻辑性的记忆，你就失去了讲一种外语所必需的流畅，进行阅读时，成了一字字地翻译了。这种翻译式的分析阅读是左脑的功能，结果是越读越慢，理解也就更难，全靠死记住某个外语单词相应的汉语单词是什么来分析。发挥左右脑功能并用的办法学语言是用语言思维，例如，学英语单词"bed"时，应该在头脑中浮现出"床"的形象来，而不是去记"床"这个字，为什么学习本国语言容易呢？因为你从小学习就是从实物形象入手，说到"暖水瓶"，谁都会立刻想起暖水瓶的形象来，而不是浮现出"暖水瓶"3个字形来，说到动作你就会浮现出相应的动作来，所以学得容易。我们学习外语时，如能让文字变成图画，在你眼前浮现出形象来——这就让右脑起作用了。每个句子给你一个整体的形象，根据这个形象，通过上下文来判别，理解就更透了。

教育学、心理学领域的很多研究结果也显示，充分利用左右脑来处理多种信息对学习才是最有效的。

启动右脑记忆模式

前面我们已经提到，我们的大脑主要由左右脑组成，左脑负责语言逻辑及归纳，而右脑主要负责的是图形图像的处理记忆。所以右脑模式就是以图形图像为主导的思维模式。进入右脑模式以后是什么样子呢？简单来说，就是在不受语言模式干扰的情况下可以更加清晰地感知图像，并忘却时间，而且整个记忆过程会很轻松并且快乐。如果再深入，我们或许会告诉你这和宗教或者瑜伽所追求的冥想状态有关，可以更深层次地感受事物的真相，不需要语言就可以立体、多元化、直观地看到事物发生发展的来龙去脉，关键是可以增加图像记忆和在大脑中直接看到构思的图像。

想使用右脑记忆，人们应该怎样做呢？

由于人肢体左右侧的活动与发展通常是不平衡的，往往右侧活动多于左侧活动，因此有必要加强左侧活动，以促进右脑功能。

在日常生活中我们尽可能多使用身体的左侧，也是很重要的。身体左侧多活动，右侧大脑就会发达。右侧大脑的功能增强，人的灵感、想象力就会增加。比如在使用小刀和剪子的时候用用左手，拍照时用左眼，打电话时用左耳。

还可以锻炼左手。如果每天得在汽车上度过较长时间，可利用它锻炼身体左侧。如用左手指钩住车把手，或手扶把手，让左脚单脚支撑站立。或将钱放在自己的衣服左口袋，上车后以左手取钱买票。有人设计一种方法：在左手食指和中指上套上一根橡皮筋，使之成为8字形，然后用拇指把橡皮筋移套到无名指上，仍使之保持8字形。依此类推，再将橡皮筋套到小指上，如此反复多次，可有效地刺激右脑。其他，有意地让左手干右手习惯做的事，如写字、拿筷子、刷牙、梳头等。

这类方法中具有独特价值而值得提倡的，还有手指刺激法。苏联著名教育家苏霍姆林斯基说，手使脑得到发展，使它更加聪明，又说："儿童的智慧在手指头上。"许多人让儿童从小练弹琴、打字、珠算等，这样双手的协调运动，会把大脑皮层中相应的神经细胞的活力激发起来。

还可以采用环球刺激法。尽量活动手指，促进右脑功能，是这类方法的目的。例如，每捏扁一次健身环需要 10～15 公斤握力，五指捏握时，又能促进对手掌各穴位的刺激、按摩，使脑部供血通畅。特别是左手捏握，对右脑起激发作用。有人数年坚持"随身带个圈（健身圈），有空就捏转，家中备副球，活动左右手"，确有健脑益智之效。

此外，多用左、右手掌转捏核桃，作用也一样。

正如前文所说，使用右脑，全脑的能力随之增加，学习能力也会提高。

由此及彼的联想记忆

联想记忆法是利用事物间的联系通过联想进行记忆的方法。联想，就是当接受某一刺激时，右脑浮现出与该刺激有关的事物形象的心理过程。一般来说，互相接近的事物、相反的事物、相似的事物之间容易产生联想。用联想来增强记忆是一种很常用的方法。美国著名的记忆术专家哈利·洛雷因说："记忆的基本法则是把新的信息联想于已知事物。"记忆力训练网如果能经常地形成联想和运用联想，就可以激发你的右脑并增强记忆的效果。

下面来介绍一下联想记忆的一些基本的方法和技巧。

1. 接近联想

接近联想就是在记忆对象的附近联想相关的人或事物。一般情况下指：时间接近和空间接近。

（1）时间接近

以时间为线索，联想别的事物。

如 1945 年 7 月 17 日至 8 月 2 日，苏、美、英三国首脑和外长，在柏林西南的波茨坦召开了著名的"波茨坦会议"。要记住它可以这样联想：1945 年，第二次世界大战结束。1945 年，美国第一颗原子弹爆炸成功。

以时间为线索，展开联想时，可以有意识地加入一些推算方法。如逐年推算。

①1921 年 7 月，中国共产党成立。

②1922年年初，香港中国海员大罢工。

③1923年2月，京汉铁路工人大罢工。

④1924年1月，中国国民党第一次全国代表大会、革命统一战线正式建立。

⑤1925年3月12日，孙中山逝世。

⑥1926年7月，国民革命军出师北伐。

（2）空间接近

有的人有时候会记不起一个经常温习的外语单词，他能回忆起来这个词在教科书上的位置，却记不起它的拼法和读法，这时候如果你可以从这个字在书上什么地方想起，想想它前面是个什么词，后面跟了一个什么词，这样反复地联想，往往能回忆起这个单词来。这个词和前后词的关系是位置接近，这种联想就叫"空间接近联想"。

2. 类似联想

类似联想就是从某一个侧面出发，联想其他的与该侧面相同的一些事物。

如郭沫若《天上的街市》里，由"远远的街灯"星星点点，时隐时现，和明星相似而引起联想，从街灯联想到明星，又由明星联想到街灯，联想十分自然。

又如，平行四边形的面积公式的导出，就是利用两个全等三角形的相似特点推出来的。把一个平行四边形的两个对角顶点连起来，就变成了两个全等三角形合起来构成的平行四边形，这个平行四边形的大小正是一个三角形的二倍。于是在计算面积之时，二二抵消，得出平行四边形的面积公式是"底乘高"，这样就很容易记住了。

3. 对比联想

对比联想是在相反或相对的方向上去联想别的事物。

对比联想在学习和教学中的运用非常广泛，是提高记忆效率的极好方法。小学语文教学中，常用对比联想增强记忆，效果就特别显著，如把同义词与反义词联系到一起教；中学分析小说时，常将这一人物与另一人物的形象对比起来教，能增强感染力；数理化教学中，也可将彼此对立的定理、公式、规律等归纳起来，运用对比联想帮助记忆。

看看下面的例子：原子是由原子核和电子组成的，原子核很小，集中了原子的全部正电和全部质量。电子带一个基本单位的负电荷，质量很小，电子绕核旋转。

联想：太阳系是由太阳和太阳外围的行星组成的，太阳外的行星绕太阳旋转（太阳系大，原子小，形成对比效应）。

4. 因果联想法

因果联想，就是利用事物的因果关系，从一事物想到另一事物。如，由"文化大革命"想到"红卫兵"。拿到大学入学通知书，想起电影里常见的手拿毕业文凭、头戴"方帽子"的情景，这顶"方帽子"下面是一张笑眯眯的熟悉的脸——自己的脸。心理学家罗伯特·依·布伦南说："如果没有基本法则的知识，就得处理一串串冗长的信息，我们的记忆必定负担繁重。最完美的记忆方法是把现象按因果关系联系起来，因为哲学的任务是研究这种关系，所以我们可以主要通过培养哲理头脑来弥补记忆力的不足。"

杰克老师的《现代法语词典》，被熟人汤姆借走了，一直没有还回来。

杰克老师教语文，备课时经常要用《现代法语词典》，而汤姆住在很远的地方，想用时又不能立即去要，两人又常见面，偶尔见了几次面，杰克老师又想不起来要书……就这样，杰克老师备课很困难。

请你想一想：如果用奇特联想法，怎样联想，杰克老师才能够见到汤姆就想起要书呢？

联结是形象记忆的关键

形象记忆法就是在记忆时尽量多留意直观形象，尽量多运用形象思维，以提高记忆的效果。形象记忆法建立在形象联想的基础上，先要使需要记忆的物品在脑子里形成清晰的形象，并将这一形象附着在一个容易回忆的联结点上。这样，只要想到所熟悉的联结点，便能立刻想起学习过的新东西。

形象记忆是目前最合乎人类的右脑运作模式的记忆法，它可以让人瞬间记忆上千个电话号码，而且长时间不会忘记。但是，当人们在利用语言作为思维的材料和物质外壳，不断促进了意义记忆和抽象思维的发展，促进了左脑功能的迅速发展，这种发展又推动人的思维从低级到高级不断进步、完善，并越来越发挥无比神奇作用的过程中，犯了一个本不应犯的错误——逐渐忽视了形象记忆和形象思维的重要作用。

于是，人类越来越偏重于使用左脑的功能进行意义记忆和抽象思维了，而右脑的形象记忆和形象思维功能渐渐遭到不应有的冷落。其实，我们对右脑形象记忆的潜力还缺乏深刻的认识。

现在，让我们来做个小游戏，请在一分钟内记住下列东西：

风筝、铅笔、汽车、电饭锅、蜡烛、果酱。

怎么样，你感到费力吗？你记住了几项呢？其实，你完全可以轻而易举地记全这6项，只要你利用你的想象力。

你要想象，你放着风筝，风筝在天上飞，这是一个什么样的风筝呢？是一个白色的风筝。忽然有一支铅笔，被抛了上去，把风筝刺了个大洞，于是风筝掉了下来。铅笔也掉了下来，砸到了一辆汽车上，挡风玻璃也全破了。后来，汽车只好放到一个大电饭锅里去，当汽车放入电饭锅时，汽车融化了，变软了。后来，你拿着一个蜡烛，敲着电饭锅，当当当的声音，非常大声，而蜡烛，被涂上了果酱。

现在回想一下：

风筝怎么了？被铅笔刺了个大洞。

铅笔怎么了？砸到了汽车。

汽车怎么了？被放到电饭锅里煮。

电饭锅怎么了？被蜡烛敲出了声音。

蜡烛怎么了？被涂上了果酱。

如果你再回想几次，就把这 6 项记起来了。

这个游戏说明：联结是形象记忆的关键。好的、生动的联结要求将新信息放在旧信息上，创造另一个生动的影像，将新信息放在长期记忆中，以荒谬、无意义的方式用动作将影像联结。

好的联结在回想时速度快，也不易忘记。一般而言有声音的联结比没有声音的好，有颜色的联结比没有颜色的好，有变形的联结比没有变形的好，动态的比静态的好。想象是形象记忆法常用的方式，当一种事物和另一种事物相类似时，往往会从这一事物引起对另一事物的联想。把记忆的材料与自己体验过的事物联结起来，记忆效果就好。

比如，要记住我国的省级行政单位的轮廓及位置，确实很困难。如果能用形象记忆，就会减少这方面的困难。仔细观察中国地图我们不难发现各省市政区的轮廓，与日常生活中的一些实物很相似。如，黑龙江省像只天鹅，内蒙古自治区像展翅飞翔的老鹰，吉林省大致呈三角形，辽宁省像个大逗号，山东省像攥起右手伸出拇指的拳头，山西省像平行四边形，福建省像相思鸟，安徽像张兔子皮，台湾省似纺锤，海南省似菠萝，广东省似象头，广西似树叶，青海省像兔子，西藏像登山鞋，新疆像朝西的牛头，甘肃像哑铃，陕西省像跪俑，云南省像开屏的孔雀，湖北省像警察的大盖帽，湖南、江西像一对亲密无间的伴侣……形象记忆不仅使呆板的政区轮廓图变得生动有趣，也提高了记忆的效果。

我们再来看看一些名人的形象记忆记录，大家都知道，成为记忆能人的条件，是要具备能够在头脑中描绘具体形象的能力，日本著名的将棋名人中原能在不用纸笔记录的情况下，把十个人在三天时间里分两桌进行的麻将赛的每一局胜负都记得清清楚楚。日本另外一个将棋好手大山也有类似的逸闻，他曾和朋友一起在旅馆打了三天麻将，没想到他们的麻将战绩表被旅馆的女服务员当作废纸给扔了，在大家一筹莫展之时，大山名人已将多达二十多人的战绩准确地重新写下来了。

马克·吐温曾经为记不住讲演稿而苦恼，但后来他采用一种形象的记忆之后，竟然不再需要带讲演稿了。他在《汉堡》杂志中这样说：

最难记忆的是数字，因为它既单调又没有显著的外形。如果你能在脑中把一幅图画和数字联系起来，记忆就容易多了。如果这幅图画是你自己想象出来的，那你就更不会忘掉了。我曾经有过这种体验：在30年前，每晚我都要演讲一次。所以我每晚要写一个简单的演说稿，把每段的意思用一个句子写出来，平均每篇约11句。有一天晚上，忽然把次序忘了，使我窘得满头大汗。因为这次经验，我想了一个方法：在每个指甲上依次写上一个号码，共计10个。第二天晚上我再去演说，便常常留心指甲，为了不致忘掉刚才看的是哪个指甲，看完一个便把号码揩去一个。但是这样一来，听众都奇怪我为什么一直望自己的指甲。结果，这次的演讲不消说又是失败了。

忽然，我想到为什么不用图画来代表次序呢？这使我立刻解决了一切困难。两分钟内我用笔画出了6幅图画，用来代表11个话题。然后我把图画抛开。但是那些图画已经给我一个很深的印象，只要我闭上眼睛，图画就很明显地出现在眼前。这还是远在30年前的事，可是至今我的演说稿，还是得借助图画的力量才能记忆起来。

马克·吐温的例子更有利地证明了形象记忆的神奇作用，青少年朋友，应该经常锻炼自己的形象记忆能力。

以声助记法

著名的右脑训练专家七田真博士指出：

通往深层意识的神经回路一旦打开，通往右脑的神经回路也自然开启，就可以在脑海中看到鲜明的记忆图像，可以利用想象力使记忆变得简单并永远保存下来，而且无论何时都能够作为图像记忆再现出来。而打开神经回路的一个重要方法就是依靠反复背诵所发出的振动音。录音机，尤其是复读机为反复朗读和背诵提供了各种有利的条件。

说起录音机（尤其是复读机），我们的眼睛便会一亮：这种以声助记法，作用真的还不小呢。因此，我们应时时在意，把必须记忆的内容由自己录下来，多次反复地播放，完全用耳朵听记。一边听一边记忆听过的内容，那就会精神集中，认真对待。

录的音有节奏，按节奏进行记忆也能提高效果。能够反复地听录音机，可把记忆渗透到无意识的领域里去。从某种意义来说，这样做可以把平面的记忆提高到立体的记忆。

斯蒂芬·鲍威森9岁时，学校每星期举办一次背诵圣经章句的比赛。开始的时候，他的目标是只要勉强记住就谢天谢地了，但在接下来的那个星期日，他居然把整年比赛的章句全都背了出来，令人大感惊奇。

鲍威森十几岁读预科学校时，选读了希腊文。有一次，老师指定一周后要背诵21行史诗《伊利亚特》。但到那一小时课上完时，鲍威森已把21行都背熟了——并且他称他听课时很专心。接着，他又把那史诗的前100行都记住了。

在接下来的44年里，鲍威森完全放弃了希腊文。然而60岁的鲍威森重读《伊利亚特》时，他发现自己仍能背出前100行。"我灵机一动，一个主意上了心头，"他说，"我何不把全篇《伊利亚特》都背下来？"10年后，鲍威森已能背诵24卷《伊利亚特》中的22卷，这不但在他那把年纪，就是在任何年纪，也是极难得的成就。

一个六七十岁的人居然能够记住这么多，实在令人惊讶，因为一般人都深信年纪越大记性便越差。鲍威森如此不凡的地方究竟何在？我们能从他身上学到些什么？

鲍威森的方法是把一本书读出来录音，然后诵读几遍，肯定自己明了每个字的字义。"同时，"他说，"我也试图想象自己身临其境。"他把每一段都一读再读，然后反复重读每一行，直到记住为止。他每次背诵若干行，直到整段都记得滚瓜烂熟。熟记了几段之后，他便一口气把它们背出来。他这样继续下功夫，直到把整本书都背完。有时他背诵腻了，便转而听他自己的录音带，这帮助他把所读的东西牢记在心。

利用录音机来进行记忆训练，应按几个步骤进行，下面我们以背课文为例详细介绍：

（1）按朗读速度录下课文中每句话的一两个词，即在录音时先默读，到该词时发声读，对句中其余的词默读就行了。然后放录音，同时背诵课文，让录下的词提示自己在有限的时间内顺利地背出来。录音前，在准备发音的词下标号，避免遗忘，保证录音过程顺利进行。

（2）将背诵文中容易出错的地方的正确词句录下来，再在放录音的同时小声背诵。尽量做到不让自己背诵速度慢于录音速度，也不要企图靠录音提示，自己主动回忆，背错或背不出时，倾听录音机发出的正确读音。

（3）录一遍完整的课文，抢先在放录音前两三秒开始背诵。如果没有把握，先跟录音同时背诵一次。

如果是政治之类的内容，把提出的问题录下，如"请解释什么是爱国主义"，录下这句话后留空一段刚够回答这个问题的时间，然后又录"请解释什么是国际主义"，再留空刚够回答的时间。这样迫使自己适应声速记忆。

如果要记忆英语单词，应将这些单词录3遍：第一遍隔3秒出现一个单词；第二遍隔两秒；第三遍隔一秒。然后放录音，争取在录音机放发音前回忆出单词。由于间隔时间不断缩短，在这种连续的反复中，通往右脑的神经回路才能被打开，从而形成图像有助于记忆。

记忆对荒诞的事物更为着迷

开发右脑的方法有很多，荒谬联想记忆法就是其中的一种，我们在前面已经提到，右脑主要以图像和心像（心视图像）进行思考，荒谬记忆法几乎完全建立在这种工作方式的基础之上，从所要记忆的一个项目尽可能荒谬地联想到其他事物。

古埃及人在《阿德·海莱谬》中有这样一段："我们每天所见到的琐碎的、司空见惯的小事，一般情况下是记不住的。而听到或见到的那些稀奇的、意外的、低级趣味的、丑恶的或惊人的触犯法律的等异乎寻常的事情，能长期记忆。因此，在我们身边经常听到、见到的事情，平时也不去注意它，然而，在少年时期所发生一些事记忆犹新。那些用相同的目光所看到的事物，那些平常的、司空见惯的事很容易从记忆中漏掉，而一反常态、违背常理的事情，能永远铭记不忘，这是否违背常理呢？"

古埃及人当时并不懂得记忆的规律才有此疑问。其实，在记忆深处对那些荒诞、离奇的事物更为着迷……这就是荒谬记忆法的来源，概括地讲，荒谬联想指的是非自然的联想，在新旧知识之间建立一种牵强附会的联系。这种联系可以是夸张，也可以是谬化。例如把自己想象成外星人。在这里，夸张，是指把需要记忆的东西进行夸张，或缩小，或放大，或增加，或减少等。谬化，是指想象得越荒谬，越离奇，越可笑，印象越深刻。

对青少年来说，荒谬记忆法最直接的帮助是你可以用这种记忆法来记住你所学过的英语单词。例如你用这种方法只需要看一遍英语单词，当你一边看这些单词，一边在头脑中进行荒谬的联想时，你会在极短的时间内记住近 20 个单词。

例如，记忆"Legislate（立法）"这个单词时，可先将该词分解成 leg、is、late 3 个字母，然后把"Legislate"记成"为腿（Leg）立法，总是（is）太迟（late）"。这样荒谬的联想，以后我们就不容易忘记。关于学习科目的记忆方法，我们在后面章节中会提到。在这一节中，我们从最普通的例子说明荒谬联想记忆应如何操作。

以下是 20 个项目，只要应用荒谬记忆法，你将能够在一个短得令人吃惊的时间内按顺序记住它们：

地毯	纸张	瓶子	床
鱼	椅子	窗子	电话
香烟	钉子	打字机	鞋子
麦克风	钢笔	收音机	盘子
胡桃壳	马车	咖啡壶	砖

你要做的第一件事是，在心里想到一张第一个项目的图画"地毯"。你可以把它与你熟悉的事物联系起来。实际上，你要很快就看到任何一种地毯，还要看到你自己家里的地毯。或者想象你的朋友正在卷起你的地毯。这些你熟悉项目本身将作为你已记住的事物，你现在知道或者已经记住的事物是"地毯"这个项目。现在，你要记住的事物是第二个项目"纸张"。

你必须将地毯与纸张相联想或相联系，联想必须尽可能的荒谬。如想象你家的地毯是纸做的，想象瓶子也是纸做的。

接下来，在床与鱼之间进行联想或将二者结合起来，你可以"看到"一条巨大的鱼睡在你的床上。

现在是鱼和椅子，一条巨大的鱼正坐在一把椅子上，或者一条大鱼被当作一把椅子用，你钓鱼时正在钓的是椅子，而不是鱼。

椅子与窗子：看见你自己坐在一块玻璃上，而不是在一把椅子上并感到扎得很痛，或者是你可以看到自己猛力地把椅子扔出关闭着的窗子，在进入下一幅图画之前先看到这幅图画。

窗子与电话：看见你自己在接电话，但是当你将话筒靠近你的耳朵时，你手里拿的不是电话而是一扇窗子；或者是你可以把窗户看成是一个大的电话拨号盘，你必须将拨号盘移开才能朝窗外看，你能看见自己将手伸向一扇窗玻璃去拿起话筒。

电话与香烟：你正在抽一部电话，而不是一支香烟，或者是你将一支大的香烟向耳朵凑过去对着它说话，而不是对着电话筒，或者你可以看见你自己拿起话筒来，100万根香烟从话筒里飞出来打在你的脸上。

香烟与钉子：你正在抽一颗钉子，或你正把一支香烟而不是一颗钉子钉进墙里。

钉子与打字机：你在将一颗巨大的钉子钉进一台打字机，或者打字机上的所有键都是钉子。当你打字时，它们把你的手刺得很痛。

打字机与鞋子：看见你自己穿着打字机，而不是穿着鞋子，或是你用你的鞋子在打字，你也许想看看一只巨大的带键的鞋子，是如何在上边打字的。

鞋子与麦克风：你穿着麦克风，而不是穿着鞋子，或者你在对着一只巨大的鞋子播音。

麦克风和钢笔：你用一个麦克风，而不是一支钢笔写字，或者你在对一支巨大的钢笔播音和讲话。

钢笔和收音机：你能"看见"100万支钢笔喷出收音机，或是钢笔正在收音机里表演，或是在大钢笔上有一台收音机，你正在那上面收听节目。

收音机与盘子：把你的收音机看成你厨房的盘子，或是看成你正在吃收音机里的东西，而不是盘子里的。或者你在吃盘子里的东西，并且当你在吃的时候，听盘子里的节目。

盘子与胡桃壳："看见"你自己在咬一个胡桃壳，但是它在你的嘴里破裂了，因为那是一个盘子，或者想象用一个巨大的胡桃壳盛饭，而不是用一个盘子。

胡桃壳与马车：你能看见一个大胡桃壳驾驶一辆马车，或者看见你自己正驾驶一个大的胡桃壳，而不是一辆马车。

马车与咖啡壶：一只大的咖啡壶正驾驶一辆小马车，或者你正驾驶一把巨大的咖啡壶，而不是一辆小马车，你可以想象你的马车在炉子上，咖啡在里边过滤。

咖啡壶和砖块：看见你自己从一块砖中，而不是一把咖啡壶中倒出热气腾腾的咖啡，或者看见砖块，而不是咖啡从咖啡壶的壶嘴涌出。

这就对了！如果你的确在心中"看"了这些心视图画，你在按从

"地毯"到"砖块"的顺序记 20 个项目就不会有问题了。当然，要多次解释这点比简简单单照这样做花的时间多得多。在进入下一个项目之前，只能用很短的时间再审视每一幅通过精神联想的画面。

这种记忆法的奇妙是，一旦记住了这些荒谬的画面，项目就会在你的脑海中留下深刻的印象。

善用比喻，增强记忆

比喻记忆法就是运用修辞中的比喻方法，使抽象的事物转化成具体的事物，从而符合右脑的形象记忆能力，达到提高记忆效率的目的。人们写文章、说话时总爱打比方，因为生动贴切的比喻不但能使语言和内容显得新鲜有趣，而且能引发人们的联想和思索，并且容易加深记忆。

比喻与记忆密切相关，那些新颖贴切的比喻容易纳入人们已有的知识结构，使被描述的材料给人留下难以忘怀的印象。其作用主要表现在以下几个方面：

1. 变未知为已知

例如，孟繁兴在《地震与地震考古》中讲到地球内部结构时曾以"鸡蛋"作比：

"地球内部大致分为地壳、地幔和地核三大部分。整个地球，打个比方，它就像一个鸡蛋，地壳好比是鸡蛋壳，地幔好比是蛋白，地核好比是蛋黄。"

这样，把那些尚未了解的知识与已有的知识经验联系起来，人们便容易理解和掌握。再如沿海地区刮台风，内地绝大多数人只是耳闻，未曾目睹，而读了诗人郭小川的诗歌《战台风》后，便有身临其境之感。

"烟雾迷茫，好像 10 万发炮弹同时炸林园；黑云乱翻，好像 10 万只乌鸦同时抢麦田""风声凄厉，仿佛一群群狂徒呼天抢地咒人间；雷声呜咽，仿佛一群群恶狼狂嚎猛吼闹青山""大雨哗哗，犹如千百个地主老爷一齐挥皮鞭；雷电闪闪，犹如千百个衙役腿子一齐抖锁链"。

这些比喻，把许多人未能体验过的特有的自然现象活灵活现地表达出来，开阔了人们的眼界，同时深化了记忆。

2. 变平淡为生动

例如朱自清在《荷塘月色》中写到花儿的美时这么说："层层的叶子中间，零星地点缀着些白花，有袅娜地开着的，有羞涩地打着朵儿的，正如粒粒的明珠，又如碧天里的星星。"

有些事物如果平铺直叙，大家会觉得平淡无味，而恰当地运用比喻，往往会使平淡的事物生动起来，使人们兴奋和激动。

3. 变深奥为浅显

东汉学者王充说："何以为辩？喻深以浅。何以为智？喻难以易。"就是说应该用浅显的话来说明深奥的道理，用易懂的事例来说明难懂的问题。

浅显的比喻不仅帮助我们理解了那些深奥难懂的道理，同时给我们留下了深刻的记忆。

运用比喻，还可以帮助我们很快记住枯燥的概念公式。例如，有人讲述生物学中的自由结合规律时，用赛篮球来作比喻加以说明：赛球时，同队队员必须相互分离，不能互跟。这好比同源染色体上的等位基因，在形成 F1 配子时，伴随着同源染色体分开而相互分离，体现了分离规律。赛球时，两队队员之间，可以随机自由跟人。这又好比 F1 配子形成基因类型时，位于非同源染色体上的非等位基因之间，则机会均等地自由组合，即体现了自由组合规律。赛篮球人所共知，把枯燥的公式比作赛篮球，自然容易记住了。

4. 变抽象为具体

将抽象事物比作具体事物可以加深记忆效果。如地理课上的气旋可以比成水中旋涡。某老师在教聋哑学校学生计算机时，用比喻来介绍"文件名""目录""路径"等概念，将"文件"和"文件名"形象地比作练习本和在练习本封面上写姓名、科目等；把文字输入称为"做作业"。各年级老师办公室就像是"目录"；如果学校是"根目录"的话，校长要查看作业，先到办公室通知教师，教师到教室通知学生，学生出示相应的作业，这样的顺序就是"路径"。

这样的形象比喻，会使学生觉得所学的内容形象、生动，从而增强记忆效果。

又如，唐代诗人贺知章的《咏柳》诗：

碧玉妆成一树高，万条垂下绿丝绦。

不知细叶谁裁出，二月春风似剪刀。

春风的形象并不鲜明，可是把它比作剪刀就具体形象了。使人马上醒悟到柳树碧、柳枝绿、柳叶细，都是春风的功劳。于是，这首诗记住了。

运用比喻记忆法，实际上是增加了一条类比联想的线索，它能够帮助我们打开记忆的大门。但是，应该注意的是，比喻要形象贴切，浅显易懂，这样才便于记忆。

调动各种器官有助记忆

右脑记忆专家七田真博士认为，只要向大脑快速输入大量信息就能完成理解和记忆，所以快速、大量的视、听、读训练能够立刻激活右脑，打开右脑的神经回路，从而开发出"超右脑记忆"。

大多数人都有这样的体验：学习溜冰、舞蹈、画画之类的与动作相联系的内容最不容易忘记；诗词、歌曲等吟唱的内容次之；光用眼睛看过的书籍、画报的内容最易忘记。学习外语，光看不读、不写的单词，比较容易忘记，既看又读、写、用的单词，不容易忘记。这是因为，参与记忆的器官和身体部分越多，记忆内容在大脑中的印象就越深刻，记忆的时间也就越长。

因此，在整个识记过程中，要尽量调动各种感官。我们知道，看书依靠的是视觉器官，听录音机依靠的是听觉器官，上课依靠的主要是视觉器官和听觉器官，看电影、电视、录像依靠的也是视觉器官和听觉器官。

由于所依靠的感觉器官的差别，记忆的效果就不一样。有人通过实验提供了以下的数据：在单位时间内，依靠听觉获得的知识，可以记忆其中的15%；依靠视觉获得的知识，可以记忆同一内容的25%；而将视觉听觉器官结合起来可以记忆同一内容的65%。

青少年们都有这样的体会：老师讲课时，通过声音、动作、表情作用于学生的感官，如果再加上实物、照片、教具、实验和幻灯等直观手段，让学生边听边看，再加上开动脑筋，重于理解，勤于思考，往往就可以收到较好的记忆效果。

由于充分运用各种器官可以提高记忆的效果。因此，学习外语时，特别强调要听、说、读、写。看书、朗读、听录音、书写的综合活动，可使注意力集中，通过多种渠道将内容输入大脑，能很快地记住外语单词等内容。而有的学生学习外语，只是看书，既不出声也不动手，结果记忆效果很差。也有的学生拿起书只是拼命地念，就是不动脑筋去想、去理解，不尝试回忆，不采用分散学习法，结果仍然记不住，使得外语成了许多学生的老大难科目。

研究材料表明，使用不同的方法识记一种事物，识记需要的时间往往不一样。直接看实物识记需要0.4秒，用彩色照片识记需要0.9秒，用黑白照片识记需要1.2秒，用线条图识记需要1.5秒，用语言描述识记需要2.8秒。可见，要想提高记忆效果，应尽量去感知那些具体、形象、生动的实物，因为看实物印象深刻，往往记得比较牢固。

其实，这一方法古已有之，古书《学记》中就有这样一句话："学无当于五官，五官弗得不治。"意思是说，学习和记忆如果不能动员五官参加活动，那就学不好，也记不住。这说明远在 2000 年前我国古代人就已经认识到读书学习要用眼看，用耳听，用口念，用手写，用脑子想，这样才能增强记忆效果。宋代学者朱熹也说过读书要三到："谓心到、眼到、口到。心不在此，则眼不看仔细，心眼既不专一，却只慢朗诵读，绝不能记，记亦不能久也。三到之中，心到最急，心既到矣，眼、口岂不到乎。"文学家苏东坡，在多年的求知生涯中，养成了抄书的习惯。他的抄书，往往不是积累，而是为了加强对书的内容的记忆。这两位先贤的做法，也可能是建立在对多种感官齐用的良好效果有深刻体验基础上的。

照相记忆，生成清晰图像

著名的右脑训练专家七田真博士曾对一些理科成绩只有 30 分左右的小学生进行了右脑记忆训练。所谓训练，就是这样一种游戏：摆上一些图片，让他们用语言将相邻的两张图片联想起来记忆，比如"石头上放着草莓，草莓被鞋踩烂了"，等等。

这次训练的结果是这些只能考 30 分的小学生都能得 100 分。

通过这次训练，七田真指出，和左脑的语言性记忆不同，右脑中具有另一种被称作"图像记忆"的记忆，这种记忆可以使只看过一次的事物像照片一样印在脑子里。一旦这种右脑记忆得到开发，那些不愿学习的人也可以立刻拥有出色的记忆力，变得"聪明"起来。

同时，这个实验告诉我们，每个人自身都储备着这种照相记忆的能力，你需要做的是如何把它挖掘出来。

现在我们来测试一下你的视觉想象力。你能内视到颜色吗？或许你会说："噢！见鬼了，怎么会这样。"请赶快先闭上你的眼睛，内视一下自己眼前有一幅红色、黑色、白色、黄色、绿色、蓝色然后又是白色的电影银幕。

看到了吗？哪些颜色你觉得容易想象，哪些颜色你又觉得想象起来比较困难呢？还有，在哪些颜色上你需要用较长的时间？

请你再想象一下眼前有一个画家，他拿着一支画笔在一张画布上作画。这种想象能帮助你提高对颜色的记忆，如果你多练习几次就知道了。

当你有时间或想放松一下的时候，请经常重复做这一练习。你会发现一次比一次更容易地想象颜色了。当然你可以做做白日梦，从尽可能美好的、正面的图像开始，因为根据经验，正面的事物比较容易记在头脑里。

你可以回忆一下在过去的生活中，一幅让你感觉很美好的画面：例如某个度假日、某种美丽的景色、你喜欢的电影中的某个场面，等等。请你尽可能努力地并且带颜色地内视这个画面，想象把你自己放进去，把这张画面的所有细节描绘出来。在繁忙的一天中用几分钟闭上你的眼睛，在脑海里呈现一下这样美好的回忆，如此你必定会感到非常放松。

当然，照相记忆的一个基本前提是你需要把资料转化为清晰、生动的图像。

清晰的图像就是要有足够多的细节，每个细节都要清晰。

比如，要在脑中想象"萝卜"的图像，你的"萝卜"是红的还是白的？叶子是什么颜色的？萝卜是沾满了泥还是洗得干干净净的呢？

图像轮廓越清楚，细节越清晰，图像在脑中留下的印象就越深刻，越不容易被遗忘。

再举个例子，比如想象"公共汽车"的图像，就要弄清楚你脑海中的公共汽车是崭新的还是又老又旧的？车有多高、多长？车身上有广告吗？车是静止的还是运动的？车上乘客很多很拥挤，还是人比较少、宽宽松松？

生动的图像就是要充分利用各种感官，视觉、听觉、触觉、嗅觉、味觉，给图像赋予这些感官可以感受到的特征。

想象萝卜和公共汽车的图像时都用到了视觉效果。

在这两个例子中也可以用到其他几种感官效果。

在创造公共汽车的图像时，也可以想象：公共汽车的笛声是嘶哑还是清亮？如果是老旧的公共汽车，行驶起来是不是吱呀有声？在创造萝卜的图像时，也可以想象：萝卜皮是光滑的还是粗糙的？生萝卜是不是有种细细幽幽的清香？如果咬一口，是不是脆脆的？

有时候也可以用夸张、拟人等各种方法来增加图像的生动性。

比如，"毛巾"的图像，可以想象：这条毛巾特别长，可以从地上一直挂到天上；或者，这条毛巾会自动给人擦脸等。

经过上面的几个小训练之后，你关闭的右脑大门已经逐渐地开启，但如果要想修炼成"一眼记住全像"的照相记忆，你还必须进行下面的训练。

1. 一心二用（5分钟）

"一心二用"训练就是锻炼左右手同时画图。拿出一根铅笔。左手画横线，右手画竖线，要两只手同时画。练习一分钟后，两手交换，左手画竖线，右手画横线。一分钟之后，再交换，反复练习，直到画出来的图形完美为止。这个练习能够强烈刺激右脑。

你画出来的图形还令自己满意吗？刚开始的时候画不好是很正常的，不要灰心，随着练习的次数越来越多，你会画得越来越好。

2. 想象训练（5分钟）

我们都有这样的体会，记忆图像比记忆文字花费时间更少，也更不容易忘记。因此，在我们记忆文字时，也可以将其转化为图像，记忆起来就简单得多，记忆效果也更好了。

想象训练就是把目标记忆内容转化为图像，然后在图像与图像间创造动态联系，通过这些联系很容易地记住目标记忆内容及其顺序。

正如本书前面章节所讲，这种联系可以采用夸张、拟人等各种方式，图像细节越具体、清晰越好。但这种想象不是漫无边际的，必须用一两句话就可以表达，否则就脱离记忆的目的了。

如现在有两个水杯、两只蘑菇，请设计一个场景，水杯和蘑菇是场景中的主体，你能想象出这个场景是什么样的吗？越奇特越好。

对于照相记忆，很多人不习惯把资料转化成图像，关于这点，只能靠青少年朋友坚持不懈地训练了。

把身边的事物编上代码

编码记忆是指为了更准确而且快速地记忆，我们可以按照事先编好的数字或其他固定的顺序记忆。编码记忆方法是研究者根据诺贝尔奖获得者美国心理学家斯佩里和麦伊尔斯的"人类左右脑机能分担论"，把人的左脑的逻辑思维与右脑的形象思维相结合的原理总结的记忆方法。反过来说，经常用编码记忆法练习，也有利于开发右脑的形象思维。其实早在19世纪时，威廉·斯托克就已经系统地总结了编码记忆法，并编写成了《记忆力》一书，于1881年正式出版。编码记忆法的最基本点，就是编码。

所谓"编码记忆"就是把必须记忆的事情与相应数字相联系并进行记忆。例如，我们可以把房间的事物编号如下：1——房门、2——地板、3——鞋柜、4——花瓶、5——日历、6——橱柜、7——壁橱。如果说"2"，马上回答"地板"。如果说："3"，马上回答"鞋柜"。这样将各部位的数字号码记住，再与其他应该记忆的事项进行联想。

开始先编10个左右的号码。先在脑子里浮现出房间物品的形象，进行编号。以后只要想起编号，就能马上想起房间内的各种事物，这只需要5~10分钟即可记下来。在反复练习过程中，对编码就能清楚地记忆了。

这样的练习进行得较熟练后，再增加10个左右。如果能做几十个编码并进行记忆，就可以灵活应用了。你也可以把自己的身体各部位进行编码，这样对提高记忆力非常有效。

作为编码记忆法的基础，如前所述，就是把房间各部位编上号码，这就是记忆的"挂钩"。

请你把下述实例，用联想法联结起来，记忆一下这10件事：①飞机；②书；③橘子；④富士山；⑤舞蹈；⑥果汁；⑦棒球；⑧悲伤；⑨报纸；⑩信。

先把这10件事按前述编码法联结起来，再用联想的方法记忆。联想举例如下：

（1）房门和飞机：想象入口处被巨型飞机撞击或撞出火星。

（2）地板和书：想象地板上书在脱鞋。

（3）鞋柜和橘子：想象打开鞋柜后，无数橘子飞出来。

（4）花瓶和富士山：想象花瓶上长出富士山。

（5）日历和舞蹈：想象日历在跳舞。

（6）橱柜和果汁：想象装着果汁的大杯子里放的不是冰块，而是木柜。

（7）壁橱和棒球：想象棒球运动员把壁橱当成防护用具。

（8）画框和悲伤：画框掉下来砸了脑袋，最珍贵的画框摔坏了，因此而伤心流泪。

（9）海报和报纸：想象报纸代替海报贴在墙上。

（10）电视机和信：想象大信封上装有荧光屏，信封变成了电视机。

如按上述方法联想记忆，无论采取什么顺序都能马上回忆出来。

这个方法也能这样进行练习，先在纸上写出1~20的号码，让朋友说出各种事物，你写在号码下面，同时用联想法记忆。然后让朋友随意说出任何一个号码，如果回答正确，画一条线勾掉。

据说，美国的记忆力的权威人士、篮球冠军队的名选手杰利·鲁卡斯，能完全记住曼哈顿地区电话簿上的大约 3 万多家的电话号码。他使用的就是这种"数字编码记忆法"。

第一次世界大战期间代号为 H—21 的著名女间谍哈莉在法国莫尔根将军书房中的秘密金库里，偷拍到了重要的新型坦克设计图。当时，这位贪恋女色的将军让哈莉到他家里居住，哈莉早弄清了将军的机密文件放在书房的秘密金库里，往往在莫尔根熟睡以后开始活动。但是非常困难的是那锁用的是拨号盘，必须拨对了号码，金库的门才能打开，她想，将军年纪大了，事情又多，近来特别健忘，也许他会把密码记在笔记本或其他什么地方。哈莉经过多次查找都没有找到。

一天夜晚，她将放有安眠药的酒灌醉了莫尔根，蹑手蹑脚地走进书房，金库的门就嵌在一幅油画后面的墙壁上，拨号盘号码是 6 位数。她从 1 到 9 逐一通过组合来转动拨号盘，都没有成功。眼看快要天亮了，她感到有些绝望。忽然，墙上的挂钟引起了她的注意，她到书房的时间是深夜 2 时，而挂钟上的指针指的却是 9 时 35 分 15 秒。这很可能就是拨号盘上的秘密号码，否则挂钟为什么不走呢？但是 9 时 35 分 15 秒应为 93515，只有五位数。哈莉再想，如果把它译解为 21 时 35 分 15 秒，岂不是 213515。她随即按照这 6 个数字转动拨号盘，金库的门果然开了。

莫尔根年老健忘，利用编码法记忆这 6 个数字，只要一看到钟上指针的刻度，便能推想出密码，而别人绝不会觉察。可是他的对手是受过专门训练的老手，她以同样的思维识破了机关。这是一个利用编码从事特种工作的故事。

编码记忆在听人讲话或读书时也可应用。我们听讲时有必要详细记住重点，我们读书时也可以将重点一个个编码，以便记忆。

此外，可以利用数字记忆月、日、星期和一天的日程安排：

7月23日	8月14日早晨8点
/07/23/	/08/14/08/
12月17日	11月6日午后2点
/12/17/	/11/06/14/
6月6日	星期三下午7点
/06/06/	/03/19/
早晨6点（06）	起床
早晨7点（07）	上学
下午5点（17）	练球
晚上7点（19）	看书、做作业
晚上9点（21）	睡觉

掌握了编码记忆的基本方法后，只要是身边的事物都可以编上号码进行记忆，把记忆内容回忆起来。

第八章

促进记忆的 4 种因素

驾驭好学习的环境

一项科学研究结果证明：在越嘈杂的环境下，记忆力越能超常发挥。原因就在于，虽然环境嘈杂，但是周围的人事与自己都不相关，所以更能集中注意力，而且环境越是喧闹，人们越发会努力集中注意力，记忆力自然随之提高。相反，如果你在家中的卧室念书，也许听不到嘈杂声，但房间中的一切事物都可能分散你的注意力，或许即使你的家人很轻声地说话，也会打搅你的记忆，因为你会情不自禁地想：他们在说什么？与我有关吗？这样一来，记忆的效率反而下降。

这就说的是每个人都有一个适合自己记忆的环境，青少年应对自己的记忆特点有个理性的认识，弄清自己的一个很有效的方法就是问问自己，你在何种情况下会感到愉快，在不同的环境和心情下，你进入最佳记忆状态要多少时间？

另一方面，如果你容易被外界干扰，就必须找到适合一个人的地方，给自己布置一个良好的学习记忆环境。如：

1. 书房要保持整洁

随着周边环境的变化，人的心境与态度也会有所不同，当周边杂乱不已时，人的心会随之纷乱散漫。在一个有条不紊的环境里，集中精神则很容易。因此环境对于学习和记忆都是非常重要的。

无论如何，我们学习的最基本的环境，就是自己的书房。因为上课环境是由同学们一起营造的，但是书房是由自己所创造的私密空间。因此，从现在起，试着把自己的房间打扫干净，并培养把东西整理得井然有序的好习惯。如此一来，不但心情会感到舒爽愉快，甚至学习能得心应手，做功课时引发的烦躁感，也会烟消云散。

2．书桌上不要有杂物

既然书房这个大环境很重要，那书桌这个小环境也理所当然地同样重要了。要营造好的书桌环境，最重要的就是不要在书桌上放置其他的杂物。

书桌上没有其他的杂物，会让自己得到一个信息：不可以做其他的事了，现在就是该学习。要学习就应该认真，不然就干脆去玩。倘若明明身体已经坐在书桌前了，心中还在想其他的事，这样当然无法读好书，不会有好的成绩，也怪不了别人。当坐在书桌前时，就要有学习的心理准备，每天都这样训练自己，久而久之，就能专注地学习。人是惯性动物，若每天都能这样专心地学习，潜意识会告诉自己就是应该专心，不可以分心做其他的事，久了就会成为习惯。这样长期下来，只要一在书桌前坐下，就会开始认真学习，而不会做些杂七杂八的事情。

3．照明条件要好

白天学习的时候，室内的采光大多不会有什么问题，一到晚上，照明条件的好坏就跟记忆的效率大有关系了。例如，光线不足，眼睛很快就会感到疲劳。眼睛一感到疲劳，睡意就来袭，再不就是浑身感到倦怠，记忆的劲头全失。

在书房里，以大约 60 瓦特的灯泡直射书桌，并且灯泡离书桌约 50 厘米，这样产生的亮度最为合适。

亮度足够后，还要注意别使光源太刺眼，否则眼睛还是很容易疲劳，最好是有灯罩，使灯光不至于太刺眼。

还有一点，只让灯光集中在桌面上的某个部位，其他地方则一片暗淡，等抬眼看四周之后，眼球本身就得不断调整，也容易促使眼睛疲劳。为了防止这个弊端，得设法使光源照射到的面积尽量扩散，或者把电灯设在天花板上和桌上两处地方。

以一般的电灯和日光灯来比较，从各种效用上来说，日光灯的照明条件比电灯更适合学习。只要不让光线直接射到眼睛，日光灯可说是学习最理想的照明用具。

4．保持适合记忆的温度和湿度

据专家的研究，使头脑保持清爽、记忆效率最高的最佳气温是 18

摄氏度（包括室内、室外），湿度若低，也可以感到神清气爽。例如，气温是 21 摄氏度，湿度是 40%，这种状态下仍然适合学习；而如果气温同样是 21 摄氏度，湿度高达 70%，就会令人感到闷热，达不到理想的学习状态。

要保持头脑清醒，光是气温和湿度适合还不够，还得看看室内空气的流动情况，以及周围给这个房间的辐射热到底有多大。也就是说，书房内必须有不断移动的气流。否则长时间在密不透风的室内学习，脑袋容易变得昏昏沉沉。

尤其一到夏天，强烈的阳光从对面的屋顶或地面反射到书房，很容易令人心浮气躁，所以务必以窗帘、竹帘或树荫等来遮住太阳的辐射热。

夏天是气温、湿度皆高的季节，是最不适合学习记忆的时候，所以应该设法使室内保持通风良好的状态，或者在酷热的白天暂不学习、记忆，尽量在清晨或黄昏的凉爽时刻把握时间学习，那才是最好的方法。

如果能坚持做到这些，那么成绩肯定会很快提高。

不动笔墨不读书

很多同学认为，上课的主要任务是认真听讲，做不做笔记没有太大的关系，这种观点是非常错误的，实验表明，对于同一段学习材料，做笔记的学生比不做笔记的学生成绩提高两倍，因为课堂笔记不只是一种单纯的技巧，实际上它是多种感官的综合作用过程。记和听相互对立，又相辅相成，只有听好，才能记好；反过来，只有记好，才能检查和提高听课效果。因此，一定要正确处理听与记的辩证关系，使课堂笔记起到它应有的作用。俗话说："好记性不如烂笔头。"这说明，做好课堂笔记，是记忆和理解知识，提高学习成绩的一条重要措施。再者，坚持做课堂笔记，可以促使我们思想集中，及时记下老师讲课的要点、重点和难点，便于课后查阅、复习和巩固；同时，由于听课做笔记需要眼、耳、手、脑并用，因此可使大脑接受多种感官的综合刺激，从而加深对老师讲授内容的理解、掌握和记忆。

有的同学可能会说，课堂上我认真听讲，我也知道听课要记笔记，从上课到下课，我的手一直没有停，手都写酸了，笔记本上密密麻麻的好几篇。回到家里翻开笔记本，又不知道老师究竟讲了些什么？做起作业来还是不会做。笔记记了等于没记。同学告诉我，你不要全记，要记重点，但老师讲了那么多，我不知道哪些是重点，哪些不是重点。

这个同学最大的问题就出现"不会记笔记"上。

所谓记笔记，并不是在笔记本上重新抄录教科书已有的内容，它应该发挥"超级辞典"的作用。记录的原则是将必须知道的基础知识及其应用，有条不紊地整理成册。尤其不要将老师上课所讲的话语一字不漏地全部记录下来，这样与会议的速记员无异，等于是为做笔记而记，一点儿意义也没有，而且事后要复习时，势必又得花上不少时间整理，反而没有效率。

那么，怎样才能记好课堂笔记，让它发挥更高的学习效率呢？同学们可以参考以下几点：

1. 做好记笔记的准备工作

笔记本是必不可少的。最好给每一门课程准备一个单独的笔记本，不要在一个本里同时记几门课的笔记，否则会很混乱。准备两种不同颜色的笔，以便通过颜色突出重点，区分不同的内容。

2. 要用笔记，而不要依靠录音机

使用录音机，虽然能将老师讲课的内容全录下来，但自己没参与记的过程，做笔记的好处就无法体现，录下来的内容复习起来也太费时、费力。

3. 每页笔记的右侧画一竖线，留出1/3或1/4的空白，用于课后拾遗补缺，或写上自己的心得体会。左侧的大半页纸用于做课堂笔记。

4. 课后要及时检查笔记

下课后，从头至尾阅读一遍自己写的笔记，既可以起到复习的作用，又可以检查笔记中的遗漏和错误，将遗漏之处补全，将错别字纠正，将过于潦草的字写清楚，同时将自己对讲课内容的理解，将自己的收获和感想，用自己的话写在笔记右侧的空白处。这样，使笔记变得更加完整、充实、完善。

5. 在笔记遗漏时，要保持平静

上课时，如果有些东西没有记下来，不要担心，不要总是惦记着漏了的笔记，而影响听记下面的内容。可以在笔记本上留出一定的空间，课后求助于同学或老师，把遗漏的笔记尽快补上。

6. 提高书写速度

书写速度太慢，势必跟不上讲课进度，影响笔记质量。要学会一些提高笔记速度的方法。不必将每个字写得横平竖直、工工整整，可以潦草地快速书写；可以简化某些字和词，建立一套适合自己的书写符号，比如用 $\because$ 代表"因为"，用 $\therefore$ 代表"所以"。但要注意不要过于潦草，不要过于简化而使自己也看不懂所记的内容是什么。速写的目的是提高笔记效率。

7. 笔记方式多种多样。学生在课堂上常用的笔记方式有要点笔记、提纲笔记及图表笔记等。

（1）要点笔记：不是将教师讲的每句话都记录下来，而是抓取知识要点，如重要的概念、论点、论据、结论、公式、定理、定律，对老师所讲的内容用关键词语加以概括。

（2）提纲笔记：这种笔记以教师的课堂板书为基础，首先记下主讲章节的大小标题，并用大小写数字按授课内容的顺序分出不同的层次，在每一层次中记下要点和有关细节。条理清晰，一目了然。

（3）图表笔记：利用一些简单的图形和箭头连线，把教学的主要内容绘成关系图，或者列表加以说明。图表比单纯的文字更加形象和概括。

色彩是有助于大脑的营养素

　　色彩不但赋予大自然美的外表，还强烈地影响着人的心理活动。据心理学家的研究，人对色彩的感知是一个微妙而复杂的生理、心理、化学和物理的过程。例如，看到红色，常使人想到朝阳；想到烈火，给人以振奋和鼓舞；看到白色，常使人想到冰雪，想到寒冷，使人感到纯洁或空虚。著名现代诗人闻一多先生曾发表过这样的见解："红给我以热情，绿给我以发展，黄教我以忠义，蓝教我以高洁，粉红赐我以希望，灰色给我以悲哀。"这是色彩对心理作用的很好的说明。

　　色彩心理学家西泽也曾说过："就像维生素是人类滋养品一样，色彩也是有助于大脑的营养物。"

　　德国科学家最近研究表明，物体的自然色彩有助于增强记忆。

　　德国的科学家马克斯·普朗克通过实验发现，人们在记忆过程中对呈现出自然色彩的景象要比那些非自然色彩的景象更加敏感。科学家为此设计了两个实验。在第一个实验中，科学家向受试者出示彩色与黑白两组照片，图案为草原、森林、花以及带有汽车、房屋和人的城市风情图片。结果表明，受试者很容易记住那些与自然色彩相吻合的彩色场景，而对于黑白图片记忆效果不佳。

　　在另一个实验中，科学家向受试者出示的所有图片都是彩色的，但是其中有部分被错误地染色。实验结果表明，受试者只对那些自然色彩的图片保留有深刻的印象，而对于那些错误标记色彩的图片，受试者大脑记忆效果如同对黑白照片一样不甚敏感。

　　科学家解释说，两个对比试验排除了基本美学原理的干扰，表明自然色彩对人类的记忆有着特殊影响。实验结果显示，人类的记忆功能在进化过程中建立了与自然界物体色彩相适应的关系。

　　我们知道，在形象联想中，要想物象清晰，首先是物象色彩要鲜明，要想使某一个事物奇特，也首先要使色彩奇特。可见，形象联想与色彩之间的关系也是很密切的，如果运用得好就会增强联想记忆的效果。

　　人们在进行形象联想的时候，首先要在大脑中浮现出事物的形象，并想象这些形象是挂在屏幕上的。提到屏幕可能人们都会有这样的感受，彩色电视的效果要比黑白电视好得多，最根本的原因就是它是彩色的。由此可以看出，色彩能使物象更鲜明、更吸引人并使人难忘。所以，人们在进行联想记忆的时候，尽量要给物象涂上鲜明的色彩，便于记忆的"抓钩"能够牢固地把物象抓住并"捞"起来，使物象在联想的自由王国里尽情地驰骋。不过，在联想的时候如果我们仅仅满足于物象的鲜明还是不够的，还应该使物象奇特起来，因为"奇特是记忆的秘诀"。奇特有各种不同的表现形式，但反映在人们头脑中物象的首要奇特之处还是色彩。比如，当你看到外国人的时候，使你感到最明显的"奇特"之处还是肤色、眼睛的颜色、服饰的颜色等。从人们接收记忆信息的器官来划分，记忆有视觉型、听觉型、运动型、混合型4种，但大多数人是属于视觉型的，每个人的记忆一般也主要依靠视觉，尽管都是物象浮现在头脑中，但都是凭借想象中的视觉来记忆的。所以，人们在进行联想的时候，如果物象与色彩有关，那么你不但应该使物象的色彩鲜明，而且应该使物象的色彩奇特。所谓"色彩的奇特"是指物象的色彩特别鲜明、对比强烈，并不是指各种色彩毫无"原则"地混杂，不伦不类。有些色彩是混合色的，比如"肥皂"的颜色，一般人很难说准它到底是什么颜色的，它给你的印象本身就是模糊的，你也就很难记住它的物象，这就给记忆带来了障碍。所以人们在联想的时候，要尽量给物象涂上鲜明的并且是你最喜欢的颜色。

　　比如，当记忆"高楼、旗帜、阳光、大树"这几个词的时候，就可以这样联想："一幢白色的高楼下面插着一面红色的旗帜，在金黄色的阳光照耀下，旗杆变成了一棵郁郁葱葱（翠绿）的大树。"在上面的联想中，人为地给"高楼、旗帜、阳光、大树"分别涂上了"白、红、金黄、翠绿"等鲜艳的色彩，这样呈现在头脑中的物象就是彩色的了，会给你留下深刻的印象，并因而增强记忆的效果。所以，在联想时如果要给物象涂上色彩，就必须遵循"鲜明"这一原则。

在学习中应用色彩来记忆更是屡见不鲜。如读书的时候，人们都习惯于用笔在关键的句子上边画上线，有的还做书头笔记，这样既便于画出重点又有利于记忆。实验告诉我们，画线的方式不一致，达到的记忆效果显然也不一样。

因为我们的记忆材料本身没有任何"奇特"之处，为了增进记忆的效果，我们就应该在记忆材料的背景上创设"奇特"的记忆环境，使记忆的材料与奇特的背景发生联系，这就人为地给记忆材料增添了"奇特"的色彩。我们很有必要在记忆材料的景上做点文章。不仅是各种符号要奇特，更主要的是色彩搭配要奇特。但也一定要注意，在记忆材料的背景上创设奇特环境的时候，一定不要太复杂，应该是简明清晰、色彩对比强烈，否则就容易使记忆材料复杂化而影响记忆。

而且，由于色彩与影响记忆力因素之一的情感是有联系的，当人们运用色彩记忆法的时候，尽量给浮现出的物象涂上你自己所喜爱的色彩，这样有利于调动你自己的积极思维，有利于增进记忆。

音乐是走向记忆仓库的高速路

音乐是非视觉、非语义性的，它瞬息万变，随生随灭，因此，要欣赏音乐就需要通过主体的联想想象，音乐与情感变化的复杂对应而产生共鸣。由此可以得出结论，音乐对人们右脑的激发、对人脑的智力开发、对求异思维的培养，有着极其重要的作用。

某位著名的作曲家曾说过："当音乐是旋律和节奏，当它的每一个和弦都是众神的一个礼物，当每一个复合节奏都是揭开自然之力奥秘的钥匙，那时，音乐就是所有元素，行星系统，可见和不可见世界的无数奥秘之一。"是的，音乐确实具有神奇的作用。在学习之余，打开收音机或录音机，那美妙的轻音乐可以使你心旷神怡；在节日晚会上，音乐响起来的时候，你可能愉快地跳起舞来；当你在苦闷、徘徊的时候，哼几段抒情歌曲会帮你驱忧遣愁……

音乐为什么能动人心弦呢？这是因为音乐有一定的频率，而这频率往往与人生理、心理上的需要合拍。音乐和谐整齐而具有旋律变化，抑扬顿挫而富有节奏起伏，从而委婉地表达人们的思想感情，形象地反映社会现实，对人类的生活、工作、学习具有广泛的影响，所以成为人们喜闻乐见的伴侣。

音乐对人的影响是音乐的一种特殊的应用，既可与其他功能结合在一起，也可作为纯粹美的享受。音乐效应机制仅作用于人的生理和心理，从而协调大脑神经系统，增进脑力和记忆力。

具体来说，音乐在提高人类记忆的活动中起着以下 3 个作用：

1. 音乐能刺激大脑，改善记忆能力

音乐除具有促进人体代谢活动和改善心理卫生的作用，还具有刺激大脑改善记忆能力的作用。经常听一些轻松、愉快、舒适和欢乐的音乐，对大脑皮层以及大脑的边缘系统的活动大有益处。这是因为在音乐的刺激下，人体内一些有益的化学物质，如乙酰胆碱的释放量会增多，而乙酰胆碱是增进记忆的有效物质。

青少年时期是心情最容易起伏的阶段，若能听些稳定情绪的音乐，会让精神平和，学习的时间增多，效率也会倍增。

2. 音乐能调节人的情绪，激发人体潜能

音乐家冼星海曾对音乐做过这样的比喻："音乐，是人生最大的快乐；音乐，是生活的一股清泉；音乐，是陶冶性情的熔炉。"

人的一生难免碰到各种不愉快的事情，诸如挫折、失败、打击等，都可能引起愁闷、烦恼、急躁等情绪，因而产生了心理障碍和精神负担。在这种情况下学习与记忆是没有效果的。

音乐发挥人体的潜能，使身体某些部分由稳定的静态变为活泼的动态。尤其是节奏性强、感情色彩鲜明的音乐更能起到兴奋、鼓舞的效果。而这种愉快的情绪不但有益于身心健康，而且对记忆来说是一服"强心剂"。

在烦躁的时候，音乐会为你驱走忧愁，欢乐时更能锦上添花。悦耳美妙的乐曲会使你保持乐观的情绪，激发起你对生活、学习的兴趣和自信，而这些都会潜移默化地起到增进记忆的效果。

3. 正规的音乐训练可以提高文字记忆能力

有关研究认为，正规的音乐训练可以提高文字记忆的能力。在早期的研究中也曾经发现音乐家大脑中负责文字记忆的区域比一般人要更大一些。

另外，在过去的 20～30 年当中，研究者们就一直致力于去发现音乐训练与人的素质之间的关系，包括其对口头表达、读写能力以及记忆的影响。

早在 1998 年，香港大学的临床神经心理学家艾格尼丝·陈和她的同事们就发现，学习过 6 年以上音乐的成人，对于词汇有更好的记忆能力，对形状的记忆却没有表现出优势。

那么我们该如何有效运用音乐促进记忆呢？你可以做下面的练习。

（1）感到疲乏时，听一些优雅音乐。完全陶醉在音乐声中，可使大脑左半球得到充分的休息。

（2）在聆听一段音乐后，仔细琢磨每一个音符，让大脑中形成一幅配以音乐的图画。

（3）在闲暇之余，选一段你熟悉的歌曲听上 3 遍，就开始想象歌曲中的意境。如果你喜欢写散文，可以将你想象出的意境写成优美的文章，编排到歌曲中去。

（4）在紧张的学习与思考中，可以采用舒缓、优美的音乐做背景，在体会音乐从有到无、从无到有的循环交替中，感受音乐在潜意识与显意识中的特殊作用，从而可以排除其他噪声干扰，克服无关信息，净化学习环境，有利于改善记忆力。

但不是每种音乐都能促进记忆，只有"纯粹"的、不带歌词的音乐才能使你的左半脑休息，而若要作为背景音乐，从心理学角度来看，陪伴音乐不能是歌曲。歌曲有语言内容，不熟悉的歌，容易引起人的注意力转移，把"意识流"引向歌词；过于熟悉的歌又容易引起学生随之哼唱，使他们养成漫不经心、边学边唱的不良习惯。陪伴音乐也不宜节奏过快、过强；否则，音乐不但会直接干扰学习，而且有的可能会使人过于激动，有的则使人过于消沉。这些情绪对学习当然都是十分不利的。

在听音乐时，还应遵守以下几个要点，方能达到事半功倍的效果。

（1）学习时，可根据自己不同的精神状态，选择不同的音乐来播放。当四周有噪声干扰或学习情绪不安时，可以选择节拍较慢、音乐优美、和谐悦耳、曲调柔和的音乐，音量不要过大，用以排除环境噪声的干扰和脑内产生的杂念；在进行创造性思维、需要运用想象力时，可以重点选择旋律优美、音色光辉华丽的曲段，用以促进积极思维、启发灵感、展开想象、深入回忆；在学习情绪低沉、大脑疲劳、漫无兴趣时，可以选择音色优美、旋律活泼欢快的曲段，用以提高情绪、消除大脑疲劳。

（2）磁带可稍微提前于学习记忆开始时播放，这样做的目的是使自己能带着愉快的情绪自然地进入学习环境。而且刚开始有个相对稳定的曲目，可帮助学生建立起来要进行认真学习的良好的心理准备状态。

（3）播放音乐时，音量选择一定要适当，以"能听到，又不能清楚地意识到"为宜。

第九章
高效阅读的8个方法

如何进行跳跃式的阅读

快速阅读是从文章中迅速吸取有用信息，去掉无用信息的高效读书方法。它是在注意力高度集中的状态下，以获取有用信息为目的的一种创造性的理解记忆过程。之所以说速读是一种创造性的记忆过程，是它不同于传统记忆先阅读、后记忆的方式，并且取代传统阅读中大脑的视觉中枢、语言中枢、听觉中枢对文字信息处理的环节从而达到眼看脑记，眼脑同步。

这种阅读方法不仅使重点更突出，书的脉络更清晰，还减轻了大脑负担。这样我们就可以用较少的时间去获取较多的信息量。正如爱因斯坦所说的那样，快速阅读就是"在所阅读的书本中找出可以把自己引向深处的东西，把其他一切统统抛掉，也就是抛掉使头脑负担过重并使自己偏离要点的一切东西"。

就快速阅读的效果而言，它的优势在于快，能够在很短的时间内处理大量的文字材料，这对于学生学习知识，进行信息检索、筛选、甄别的意义是相当大的。那么，是不是快速阅读除了快就没有其他优势了呢？完全不是。经过科学、系统训练的快速阅读，其整体文章的理解水平和记忆水平都要明显高于传统阅读。

这是因为快速阅读所使用的是无声的思维语言，它具有简洁、跳跃和无声的特性，是人们在头脑中思索、解决问题时产生和运用的高级思维语言。未经训练的人眼接受文字信息的速度远远低于大脑的思维速度。人们在用视觉来感知文字符号时，需要逐字逐句地进行，还需要眼跳（即扫描文字）的密切配合。阅读过程中眼跳所需要的时间仅仅占5%左右，大部分时间用于眼停，每次眼停大约需要0.1秒到0.3秒时间，这是造成感知文字信息速度慢的主要原因。与此相反，人的思维过程非常迅速，特别是使用思维语言时，能一闪而过。这一快一慢，二者无法协调，阅读速度自然就慢了。与之相反，快速阅读最大限度地减少眼停的次数及时间，充分发挥眼跳快、思维快这两大优势，从而达到了快速阅读、准确记忆的目的。

速读讲求的是速度，但不是说速度快就好，而是既快，阅读的质量又好，快中有质，质中有快。如果拿着一本书哗啦哗啦翻过来，到头来什么也没有记住，等于零。

如果掌握了这种速读技术，可以使阅读的速度大幅度提高，高达平时阅读速度的 8～10 倍，用这种技术来精读或泛读、略读，要比普通人快得多。

通常一个人阅读大约在每分钟 300～500 字，而通过速读训练可以达到每分钟 1000～1500 左右，极少数速读高手甚至可以达到每分钟上万字。对速读内容的记忆可以达到 70% 左右，其效率异常惊人。

大家一定看过《三国演义》。《三国演义》有一段文字描写的是：张松在曹操的面前背诵出曹操所撰《孟德新书》的内容，说这种书在四川到处都是，连小孩都会，致使曹操信以为真，一气之下烧掉了自己苦心写就的这本兵书。其实张松只看过一遍，这只能说明他的速读记忆能力很强。相信大家经过一段时间的训练后，速读记忆能力也会和张松一样。

爱因斯坦的读书法

读书的时候，我们往往是由视觉中心传至语言中枢，经发音器官发出声音传至听觉中枢，再由听觉中枢传到阅读中心，最后才达到理解文字意义的过程。这样的过程曲折迂回路线太长，不仅费精力、易疲劳，而且直接影响到理解和记忆的效果。

"眼脑直映"是科学运用视力和脑力的一种阅读方法。"眼脑直映"省略了语言中枢和听觉中枢这两个中间环节，即文字信号直接映入大脑记忆中枢进行理解和记忆。这是一种单纯运用视觉的阅读方式。先天性聋哑人的头脑中是没有声音的概念的，自然不能读和听，但是经过教育，不仅能够读书、看报，而且其阅读速度比一般正常人要高。所以，"眼脑直映"的方式是我们每个人都能掌握的，是真正的"看"书，而不是"读书"。

爱因斯坦是一个典型的"眼脑直映"的视读者。爱因斯坦给著名的数学家热克阿达马尔的信中写道：

"不管是单词还是句子，不管是写下来的还是念出来的，在我的思想上都没有起任何作用。作为思维因素的心理现实，才可能成为'愿意'被接收和被采纳的某种特征或者具体的形象。"

既然"眼脑直映"的阅读方式可以改善你的记忆能力，那么我们该怎么做才能做到"眼脑直映"呢？要做到"眼脑直映"关键是排除头脑里潜在的发音现象，即阅读时做到不朗读、不唇读、不喉诵、不心诵。

专家们在研究语言机制的基础上，提出了控制发音量的种种办法。总结起来，共有3种：

1. 机械地、强制性地控制发音量

例如，舌头抵在唇间，或者口里含个东西，比方说泡泡糖等。这种办法有个缺点，它只能控制语言运动分析器的末梢神经，而不能控制中枢神经部分。因此，要完全控制阅读时的发音量，不能依靠这种办法。

2. 语言运动和语言听觉障碍法

它的含义是：在默读文章的同时，强制性地出声朗读内容与此无关的其他材料。这种障碍法不仅能够影响到语言运动器官的末梢神经，而且能够影响到大脑。同前一种方法相比，这种方法的优越性是毋庸置疑的。但是，利用这个方法无法全部控制发音量，因为在这种情况下，一种发音量实质上被另一种发音量代替，而且为此付出了很大代价。在默读一篇文章的同时要出声朗读与此无关的另一种材料，这样做虽然排除了出声阅读应读材料的可能性，但是，语言运动分析器忙于其他活动。

3. 语言中枢障碍法，或者叫作"节奏敲打法"

这个方法是由任金教授提出来的，他还利用这个方法研究了内语言的规律。这个方法的实质是被实验者在默读文章时，手指头按照一定的节奏进行敲打。通常是 2/4 拍，每小节敲打 4 次，第二、三小节各敲打 2 次，每小节的第一拍要敲打得响。

在"眼脑直映"的训练中，还应该注意纠正两种不易觉察的有声阅读形式——唇读和心读。唇读就是嘴唇微动但不发出声音的读书法，心读是读者在内心深处始终自言自语，清晰地发着并听着每个字的字音的读书法。这两种阅读习惯其实和朗读是没有什么分别的，除了影响阅读速度还会影响记忆效果。

扫描速读法

扫描速读法就是人的视力如同雷达搜寻目标物的射线一样快速、有效地寻觅自己所要搜寻的信息目标。这是一种形象比喻。人在阅读时，使自己的视力迅速、有效地捕捉文字信息，就是扫描速读法。它是一种"去粗取精"式的阅读，这种阅读方法可以帮助我们用较少的时间去赢得较大的阅读量，用较少的精力记住较多的知识和信息。

它的突出特点反映在眼球的移动上，主要有 3 点：

1. 扩大视区

一般阅读是小视角、小视区，只利用双眼视力的 15°视力清晰区。

快速扫描阅读运用的是大视角、大视区，为35°角。

2. 扩大视记范围

视力在阅读中能够看得见又记得下的文字信息叫视记。视记是阅读活动中视力运动是否有效的标志。视记范围广，视记文字信息多，说明视记效果好；反之，就说明视记效果差。一般阅读运用小视角、小视区，一个字一个字地认记文字信息，因此视记效果较差。一般情况下，眼停瞬间只能认知4~6字。快速扫描阅读运用大视角、大视区，充分运用余光区。视力集中在中线，迅速捕捉两侧的文字。视记数量可多达6~26字。

3. 掌握好视线移动

在快速扫描阅读法中，视线移动有两种情形：一是横向移动，用于线式阅读法中；二是纵向移动，用于面式阅读法中。

若要使自己的眼球移动速度加快，就要经常有意识地训练，这里我们介绍3种使眼球运动变得快速灵活的方法：

1. 8字形的转动

假想眼睛的视线在空中写个8字，可直写，也可横写，各写10次，中间稍事闭目休息。不要让眼睛太疲劳。

2. 360°的转动

眼睛尽力向四周看，按顺时针方向做10次360°的转动，然后闭目休息一会儿，再按逆时针方向转动。如此反复数次即可。

3. 有趣的字母表

你可画一个4.5厘米×4.5厘米的正方形，将正方形分成25个小方格，在小方格内，无规律地填上A至Y的25个英文字母。按这个样式可做成9张一套的英文字母表。这套字母表可用来训练视觉定向搜索运动的速度。（你也可以制作规格不同的字母表，来不断增加难度，当然你的收获会越来越多。）

训练的方法是：在每个单独的表中，按25个字母的顺序，迅速地找全所有的字母，并用秒表计算所花费的时间。

例如：

O	W	S	N	P
T	J	X	M	A
F	R	E	U	G
B	C	H	Y	I
D	V	L	Q	K
F	X	O	W	L
K	S	H	T	A
C	Y	M	P	E
V	D	Q	G	I
D	V	L	Q	K

对于视野较宽、注意力参数较高的读者，看一个表大约只需25秒钟。练习的时间越长，找全的时间就会越短，随着练习的深入，眼球的末梢视觉能力将会有很大程度的提高，眼睛快速认读的反应能力也将会被锻炼出来。

练习的步骤如下：

（1）按以上规格做9张字母排列顺序各不相同的表。

（2）将视线集中在表的中心，以便看清表的全貌。

（3）眼睛与表的距离在30～35厘米。

（4）按字母顺序，找全每个表的25个字母，每找到一个字母都用铅笔做个记号。

（5）每次练习请计时，并与上一次的速度对比。

（6）熟练之后，只运用视线移动来寻找，不再用铅笔来做记号。

（7）每天练整套表2～3次，不要过分用眼。

除了要训练眼球移动外，扫描速读的最重要步骤，就是恰到好处地断定你正要寻找的材料。如你要寻找一个日期——宪法上签字的日期或者莱特兄弟首次起飞的日期，或者你要寻找名字——总统的名字或者城市的名字。凡列入你目标的一切，你在开始阅读时就要清清楚楚，这一点是非常重要的。

在预测目标后，接下来要做的就是断定将要出现的信息会是什么形式。换句话说，你必须暗暗地问自己："当我注意到某一点时，它会以什么形式出现？它是以数字的形式，还是以名字的形式出现？或是以价值的形式来表示的呢？"对所需材料可能表现的形式或外部标志作出判断，你可以由此借助一条重要的线索去发现你所要获取的信息。

总体上，运用扫描速读技巧，应该遵循下列提示：

（1）仔细阅读需要回答的问题。

（2）记住答案或你需要注意的材料的类型。

（3）事先确定你要追踪的内容可能出现的形式。

（4）在材料上很快移动视线，抓住可以告诉你"这里能找到所需要内容"的线索。

（5）当你发现所需要寻找的内容的时候，停止扫读。

（6）认真地注意这些内容。

长期坚持这种训练，相信你的阅读和记忆速度都会有所提高，在进行扫读训练的时候，青少年应该记住一点：虽然扫读有些类似于走马观花，但不等于一扫而过，什么也没留下来，而是扫有所得，扫有所获。

线式阅读法

线式阅读是扫读的一种初级形式。线式阅读的视线活动成线状横向移动，可以达到一目十行、快速记忆的目的。

线式阅读就要改变阅读习惯，由一字一词阅读，变为一句一行阅读。

扩大视野训练是采用线式阅读法的基础训练。在阅读文章的时候，我们可以认清主视区的文字内容，主视区以外的次视区则较为模糊。

在主视区里读、记、理解同时进行，而次视区只能在眼动的时候才会快速扫过。在上一次眼动过后，下一次眼动可以完成读、记、理解，进入新一轮的阅读。如果阅读的视角大、视区大，视野的单位也就大，实际的范围也就扩大了。

我们可以把阅读的主视区放在阅读对象中信息量大的地方。通常信息量大的区域分布在开头、中间或结尾的地方。主视区放在哪里并不重要，不过我们把主视区放在文章的起始部分，相对地对速读较为有利。

我们在线式阅读中，眼停与眼动交替进行。我们想要加快速度，就要快速地移动视线。利用眼停时尽可能多地抓取文字资讯。我们在前面已经做过这样的训练，快速移动视线，增强眼睛的活动能力，同时加大抓字功能，促进我们的大脑皮层中视觉神经的兴奋度，排除下意识的语言活动。

在我们阅读的时候，不需要把文字信息转换成语言信息传送给大脑，应该避免这个复杂过程的出现，把文字信息直接输送给大脑，让大脑直接加工信息，即一步到位，大大简化了中间程序，也大大提高了速度。

线式阅读法的具体要求是：不能一个字一个字地进行认知，眼停瞬间应当抓住 4～6 个字。线式阅读法的训练从扩大视力区、增加视记量开始，然后逐步扩大到一目一行乃至一目多行。

线式阅读法的练习可分以下几个阶段：

第一阶段，视记 5～6 个文字信息。

视记 5 个文字信息，用眼专注中间 3 个字，用余光认知左、右两侧的两个字。

视记 6 个文字信息，用眼专注中间 4 个字，用余光认知左、右两侧的两个字。

第二阶段，视记 7 ~ 9 个文字信息。

视记 7 个文字信息，用眼专注中间 5 个字，用余光认知两侧的两个字。

视记 9 个文字信息，用眼专注中间 5 个字，用余光认知两侧 4 个字。

第三阶段，视记 10 ~ 16 个文字信息。

视记 10 个文字信息的练习：视力分配为"2·6·2"，即用眼专注中间的 6 个字，用余光认知两侧的 4 个字。

视记 16 个文字信息的练习：视力分配为"4·8·4"，即用眼专注中间的 8 个字，用余光认知两侧各 4 个字。

第四阶段，视记 17 ~ 26 个文字信息。

视记 17 个文字信息的练习：视力分配为"4·9·4"，即视线认中间的 9 个字，用余光认知两侧各 4 个字。

视记 26 个文字信息的练习：视力分配为"5·16·5"，即视线认中间的 16 个字，用余光认知两侧各 5 个字。

视记 26 个文字信息的练习，还可按"6·14·6"与"7·12·7"视力分配自己选择材料进行练习。

线式阅读可以帮你建立整体性感知的阅读习惯，是向更高阶段速读方法前进的基石。

程序阅读法

程序阅读指的是按照一定的固定程序来进行阅读训练。大脑具有对信息选择吸收的特征，在处理这些信息时，我们的大脑同样有相应严格的程序。

大脑能否采用简单有效的方法对获得的资讯重新编码是速读记忆

的关键所在，固定程序阅读方法正好符合这一特点。程序阅读一般就是按照以下的几个步骤来阅读：

首先，浏览内容。

内容一般分为 7 个部分：

（1）文章或书的题目；

（2）文章或书的作者；

（3）出版者与出版时间；

（4）文章或书的主要内容；

（5）文章或书反映的重要事实；

（6）写作特点或者具有争议之处；

（7）新的思想以及启示。

其次，速读正文。

这一部分是核心内容。

（1）速读内容，抓住大意，注意力高度集中，选择哪些地方详读，哪些地方略读。详读的地方也要快速，但这种读千万不要以损害质来取量。

（2）速读和快速思考紧密结合，不能只读不理解，也不能只理解，放慢了速度，既要有量又要有质。

（3）让速读、记忆和思考三位一体，读有所得，读有所记，最好是把阅读内容和自己的知识结构组合起来，产生共鸣，这是速读的理想境界。

最后，总结。

对速读的内容进行总结、整理、加工、记忆、存储，把零散的知识变成自己知识体系的一部分，可以从中得到心得体会和成果，还可以把它们写下来，必要的时候便于查找。

良好的固定程序阅读习惯，可以极大地提高我们的阅读能力，在遇到比较艰深的内容时，也可以顺利阅读和记忆，只是在阅读过程中，应当尽量避免回读，在必须回读的时候，可以在完成之后再进行。

面式阅读法

面式阅读是指把一层文字、一段文字或整页文字当作每次眼睛停顿的注视单位。

它是在线式阅读基础上发展而成的。它的特点是：摆脱了线式阅读的一行一行的视力移动，视力中心区放在一页书的中间部分，扫视一页的文字信息，捕捉关键词、句、段，迅速将视线从上至下移动，对一页的内容进行理解。通过速读迅速理解内容，在理解的前提下实现快速。

面式阅读坚决排除无声默读，任何微弱的无声默读都会妨碍面式阅读的效果。另一方面，如果确实掌握了面式阅读就可以彻底关闭默读。因为面式阅读法是通过语言神经迅速向大脑输送文字信息，它没有任何空闲让发声系统进行潜在发声与阅读。

由于面式阅读视野比较宽阔，眼睛停顿的次数比较少，因而所花的时间大为缩短，阅读的速度大大提高，记忆的数量也会增加。

在经过眼球移动训练和线式训练之后，相信你的眼球已经可以灵活自如地运转，文字也可以大量清晰地在视野中出现。

这时采用面式阅读法应该把握好自己目光运行的路线，以页为单位，把眼球的注视点放在书页的中心部位，让眼睛的余光洒向整页文字。

在进行面式阅读时，要尽量避免眼光在文字的左右两侧往返扫视，这就有效地缩短了目光运行的时间以及路线，从而实现快速阅读和记忆的目的。

面式阅读练习刚开始时，速度可能不太快，经过反复练习，真正掌握了面式阅读法，其速度会逐步提高。刚开始练习时，可以先从

3 ~ 5行练起，然后增 6 ~ 9 行和 10 行以上直至一页。

下面介绍几种面式阅读的训练方法。

1. 一目十行

我国有一句成语叫"一目十行"。一目十行并不是真的每一目都是十行，而是指一目接触一段，实际上就是一种面式阅读法。所以说，一目十行是高级的快速阅读法，它让我们一眼就能抓住较大范围内的文字内容。

所谓的"一目十行"不是走马观花，而是运用各种技巧抓住文章中重要的资讯，摄取其精华部分，从整体上把握与记忆。

"一目十行"要求我们眼球迅速运转，多行文字由一眼扫之，与大脑吸收与理解的节拍同步进行。也可以一眼对多行文字加以处理，同时，大脑予以配合，它实际上是靠扩大视野即视读单位来完成的。

通常我们在精读某个知识资料之前，采用这种"一目十行"的方法，可以从总体上对该知识材料有个大致的了解，给后面的研究创造较好的条件。

"一目十行"阅读法并不适合阅读所有的文字材料，采用这种方法主要目的是寻找到某些有用的内容，从而快速判断有没有必要加以精读或采用其他阅读方式。

2. 一目一页

一目一页是快速阅读中的最高形式，也是难度最大的一种技能。一目一页阅读法是什么呢？它是指眼睛在页面中的某几个点上短暂地停留时快速抓住该页文字材料的大意内容，采用这种类似于全景摄影式的阅读法，把整页的文字材料纳入视野。

对于某些专业书籍或者是围绕某个共同论题的文章，要选择出具有不同意义的内容往往用一目一页阅读法，但它通常比较适用于通俗易懂的文字资料。在预习、复习过程中可以借用它来找寻、挑选各式各样的恰到好处的参考资料。对于人们阅读消遣性内容的图书、报纸、杂志等文字载体也较为合适。

通常，我们知道一页纸上有若干段，少则两三段，多则七八段不等，采用一目一页阅读法，一眼可以解决一段，那么两三眼或者七八眼就明白了该段的重点内容以及段落大意，获得该页的要点，从而获得该页的主要内容。

掌握这种一目一页的阅读法难度最大，但是只要我们有信心、有毅力，通过合适、合理、有效、严格的练习与训练，渐渐地拓宽有效的阅读视野，注意力高度集中，阅读抓字能力增强，各种速读技巧运用自如，达到熟能生巧的地步，就能最终实现这种最快速度的高级阅读能力。

线式与面式阅读虽然都是快速阅读，但在适用的范围上也略有不同。线式阅读法适用于内容分量较重、语义信息量较大的材料。线式阅读带有选读性质。面式阅读则适合于内容易理解、语义信息量不是很大的材料，面式阅读带泛读性质。由于这两种快速读法的侧重点不同，因此，在实践活动中它们常常互相取长补短，交替使用。在阅读同一页文字时，会出现两种方法的交替使用。

导引阅读法

用手指导引阅读文字是用来训练阅读记忆速度的一种技巧，称为导引训练，但在实际读书过程中是不能用手指导引的，因为这样做可能会减慢速度，用它来训练却是一种好方法，它也可以用来帮助人们纠正某些读书出声、视点回归的不好习惯。并能加强理解、记忆等。

运用这种训练方法时，用手指引导视线，在文字上移动，手指移动的时候视线跟着移动，但注意头不要随着转动。具体可以按下面的方法来训练：

（1）眼睛跟着手指往下移，手指要在文字的下方，不影响视线，手指移动的速度要和眼球移动的速度同步，不要一快一慢。

（2）阅读一页结束的时候手指将要移往下页的开始部分，这时可以用左手来引导阅读，右手翻卷书页，也可以换只手来做，即用右手引导，左手翻书页。自己觉得怎么方便、顺手就怎么来，但要两手配合使用。

（3）眼睛随着手动，眼睛可以阅读手指左侧的文字，也可以阅读右侧的文字，也可以阅读上方的文字，但不宜阅读下方的文字。

（4）手指在导引阅读中碰到疑难问题时，速度可以降下来，让大脑在这些问题上有时间来加工处理。

（5）手指导引阅读尽可能避免漏字、漏词和漏词组等。

（6）速度由慢到快，最后可以快速导引。

反向导引是与上面正向导引对应的一种训练方法，这是一种非常特殊的训练方法，现在人们的阅读习惯是从左到右，书籍等印刷品也都是从左到右。反向导引训练就是要打破这种阅读习惯，用手指从向右进行导引。但也不是说每一行都是从右到左反着来，而是在读上一行结尾时视线不要回到左侧，而是移动至下一行从右到左，到了左端之后，往下再从左到右，到右端之后，再往下从右到左，让视线在阅读材料时呈"3"状移动。

反向导引训练节约了眼睛的来回运动，每动一次都没有落空，也就大大节约了阅读时间，提高了阅读速度。

人们在这样训练的时候可能会很不习惯，做起来也不方便，由于这样打破了传统，又打破了文字从左到右排列顺序和从左到右展开的格局。因此青少年应该多多练习。

一旦养成了习惯之后，这种阅读并不会损害理解力，而且能够帮助人们更加集中注意力，进一步理解和加深记忆。

计时阅读法

很多青少年朋友在阅读记忆时，不能完全集中注意力或磨磨蹭蹭。这样不仅影响记忆效率，还会影响其他功课的完成，为了克服这种毛病，计时阅读是一个很可行的方法。计时阅读法是连续多次阅读同一篇文章，而阅读时间逐次减少的一种速读方法。它是借着速度的突击和冲刺，加速大脑反应。通常500字的文章，应该在10秒左右看完，即每分钟看3000字以上。如果文章篇幅较长，还可以增加阅读次数。因为，这种计时计秒的退缩阅读，重点不在于获取知识，而是利用熟悉的文章来冲击认知反应速度。这种方法是对读书旧习惯和惰性的真正的强有力冲击。

计时阅读法的要求是：每篇文章要读6遍，每遍的要求不同，每次的阅读时间递减，如60秒、50秒、40秒、30秒、20秒、10秒。

第一遍阅读，只要求读者用尽可能宽的视距去看清字句，掌握大意，不要求完全看懂内容，有些细节不甚了解，也绝不回看，以免影响速度。看完以后，整理所得的印象。

第二遍阅读，速度稍加快，但时间差距不要拉得过大，要保持全过程的时间均衡递减。读完后立即回忆全文内容，把初步获得的信息用自己的语言写下摘要。

第三遍阅读，速度再加快一点，之后也立即回忆。

第四遍阅读，速度比前一遍再快一点，读后立即回忆，写下必要的补充摘要和细节。

第五遍阅读，再递减时间，基于前4遍的阅读，读者对内容已有相当完整的理解，摘要的细节也补充得差不多了。

第六遍阅读，把速度推向最高点。如果第一遍的阅读时间是按目前已达到的阅读速度来制订的，那么最后一遍则按目前所要争取达到的速度来制订。例如 400 字的文章，第一遍用 20 秒看完，即每分钟看1200 字，最后一遍就可用 5 秒来冲击它，争取每分钟看 4000 字以上。如果文章篇幅较长，或者最后两遍自觉尚未达到"眼脑直映"的效应，还要适当增加阅读次数。

最后两遍阅读的重点是在已初步熟悉内容的基础上凭借速度的加快冲击大脑，形成迅速的"眼脑直映"反应，使大脑发挥出直接的整体式认读的自然潜能。

做限时阅读练习，要注意写摘要，以印证自己的理解力。写摘要分主旨和细节两部分。主旨即全文的中心思想，第二遍阅读后即应能写出，再阅读几遍后便可补充出细节。摘要不能照书抄，要及时写，并要写得简洁。

第十章
各门学科知识的记忆运用

如何更好地掌握英语知识

青少年在学习英语的过程中遇到最多的问题就是记不住单词。这在很大程度上影响了对英语的学习兴趣，英语成绩自然上不去。一般同学认为背单词是件既吃力，又没有成效的苦差事。实际上，若能采用适当的方法，不但能够记住大量的单词，还能提高对英语的兴趣。我们下面来简单介绍几种单词记忆的方法：

1. 谐音法

利用英语单词的发音的谐音进行记忆是一个很好的方法。由于英语是拼音文字，看到一个单词可以很容易地猜到它的发音；听到一个单词的发音也可以很容易地想到它的拼写。所以，如果谐音法使用得当，是最有效的记忆方法，可以真正做到过目不忘。

如英语里的 2 和 to，4 和 for。

quaffn. /v. 痛饮，畅饮。记法：quaff 音"夸父"→夸父追日，渴极痛饮

hyphenn. 连字号"－"记法：hyphen 音"还分"→还分着呢，快用连字号连起来吧

shuddern. /v. 发抖，战栗。记法：音"吓得"→吓得发抖。

不过，像其他的方法一样，谐音法只适用于一部分单词，切忌滥用和牵强。将谐音用于记忆英文单词并加以系统化是一个尝试。本书在前面已经讲过：谐音法的要点在于由谐音产生的词或词组（短语）必须和词语的词义之间存在一种平滑的联系。这种方法用于英语的单词记忆同样要遵循这个要点。

2. 音像法

我们这里所说的音像法就是利用录音和音频等手段进行记忆的方

法。该方法在记住单词的同时可以训练和提高听力，印证以前在课堂上或书本里学到的各种语言现象等。

例：There's only one way to deal with Rome, Antinanase. You must serve her, you must abase yourself before her, you must grovel at her feet, you must love her.

3. 分类法

把单词简单地分成食品、花卉等；中等的难度可分成政治、经济、外交、文化、教育、旅游、环保等类；难一些的分类是科技、宗教和民族、国防、医疗卫生、人权和生物化学，等等。这些分类是根据你运用的难度决定的。古人云："举一纲而万目张。"意思就是有了记忆线索，那么就有了记忆的保证。

简单地举例，比如教育文化类：大学分为文科，理工科（university of liberalartsand science and engineering），医科大学，音乐学院，美术学院，师范大学，大学有进修学校（college of vocational study）和中专（specialized secondary school），技校（technical school）。大学一，二，三，四年级学生分别是 freshman, sophomore, junior, seniorstudent。本科生是 undergraduate，研究生 postgraduate，博士 doctor，大学生 collegegraduates，大专生 polytechnic college graduates，中专生 secondary school graduates，小学毕业生 elementary school graduates，夜校 nightschool，电大 television university，函授 correspondence course，短训班 short – termclass，速成班 crash course，补习班 remedial class，扫盲班 literacyclass，这么背下来，是不是简单了很多？而且有了比较和分类自然就有了记忆线索。

4. 听说读写结合法

听说读写结合记忆的依据是我们前面所讲到的多种感官结合记忆法。青少年朋友可以把所有要背的资料通过电脑录制到自己的 mp3 里去，根据原文可以录汉语，也可以录英文，发音尽量标准，放录音的时候，一定要手写下来，具体做法是：第一次听写是放一个句子，听写一个句子，要求每个句子、每个单词都写下来；以后的二、三次听写要求听了一句话，只记主谓宾和数字等（口译笔记的初步），每听一段原文，暂停写下自己的笔记，然后自己根据笔记翻译出来；再以后几次只要听就可以了，放更长的句子，只根据记忆口述翻译就可以了，这个锻炼很有意思，能把你以前的学习实战化，而且能发现自己发音不准确的地方，能听到自己的声音，知道自己是否发抖了，是否有"这个那个，哼哼"，或者发音含糊等语言毛病。

如何更好地掌握语文知识

语文是青少年必修的基础学科。语文学习的一个重要环节就是记忆。中学阶段是人的记忆发展的黄金时代，如果在学习语文的过程中，青少年能够结合自身的年龄特点，抓住记忆规律，按照科学的记忆方法，必然会取得更好的学习效果。

下面简单介绍几种记忆语文知识的方法：

1. 画面记忆法

背诵古诗时，我们可以先认真揣摩诗歌的意境，将它幻化成一幅形象鲜明的画面，就能将作品的内容深刻地贮存在脑中。例如，读李白的《望庐山瀑布》时，可以根据诗意幻想出如下画面：山上云雾缭绕，太阳照耀下的庐山香炉峰好似冒着紫色的云烟，远处的瀑布从上飞流而下，水花四溅，犹如天上的银河从天上落下来。记住了这个壮观的画面，再细细体会，也就相当深刻地记住了这首诗。

2. 联想记忆法

这是按所要记忆内容的内在联系和某些特点进行分类和联结记忆的一种方法。关于"联想记忆法"的原理和具体应用方法我们已经在前面讲过。这里只举一个简单的例子。如，若想记住作品和作者的名字我们可以做这样的联想：有一天，莫泊桑拾到一串《项链》，巴尔扎克认为是《守财奴》的，都德说是自己在突出《柏林之围》时丢失的，果戈理说是《泼留希金》的，契诃夫则认定是《装在套子里的人》的。最后，大家去请高尔基裁决，高尔基判定说，你们说的这些失主都是男的，而男人是不用这东西的，所以，真正的失主是《母亲》。这样一编排，就把高中课本中的大部分外国小说名及其作者联结在一起了，复习时就如同欣赏一组轻快流畅的世界名曲联想一样，于轻松愉悦中不知不觉就牢记了下来。

3. 口诀记忆法

汉字结构部件中"臣"与"𦥑"，经常会纠缠不清。其实"𦥑"这个部件在常用汉字中出现，只有"颐""姬""熙"3个。有人便把它们组编成两句绕口令："颐和园演蔡文姬，熙熙攘攘真拥挤。"只要背出这个绕口令，不仅这3个字中的"𦥑"不会错写为"臣"；而且其余带"𦥑"的汉字，也不会误写为"臣"了。如历代的文学体裁及成就若归纳成如下几句，就有助于在我们头脑中形成清晰易记的纵向思路。西周春秋传《诗经》，战国散文两不同；楚辞汉赋先后现，《史记》《乐府》汉高峰；魏晋咏史盛五言，南北民歌有"双星"；唐诗宋词元杂剧，小说成就数明清。

4. 对比记忆

汉字中有些字形体相似，读音相近，容易混淆，因此有必要加以归纳，通过对比来辨别和记忆。为了增强记忆效果，可将联想记忆法和口诀记忆法也掺入其中。实为对比、归纳、谐音、联想、口诀五法并用。

（1）巳（sì）满，已（yǐ）半，己（jǐ）张口。其中巳与4同音，已与1谐音，己与几同音，顺序为满半张对应4、1、几。

（2）用火烧（shāo），用水浇（jiāo），用丝绕（rào、rǎo），用手挠（náo）；靠人是侥（jiǎo）幸，食足才富饶（ráo），日出为拂晓（xiǎo），女子更妖娆（ráo）。

（3）用手拾掇（duō），用丝点缀（zhuì），辍（chuò）学开车，啜（chuò）泣噘嘴。

（4）输赢（yíng）贝当钱，螺蠃（luǒ）虫相关，羸（léi）弱羊肉补，嬴（yíng）姓母系传。

（5）乱言遭贬谪（zhé），嘀（dí）咕用口说，子女为嫡（dí）系，鸣镝（dí）金属做。

（6）中念衷（zhōng），口念哀（āi），中字倒下念作衰（shuāi）。

（7）言午许（xǔ），木午杵（chǔ），有心人，读作忤（仵）（wǔ）。

（8）横戌（xū）点戍（shù）不点戊（wù），戎（róng）字交叉要记住。

（9）用心去追悼（dào），手拿容易掉（diào），棹（zhào）桨划木船，私名为绰（chuò）号。

（10）点撇仔细辨（biàn），争辩（biàn）靠语言，花瓣（bàn）结黄瓜，青丝扎小辫（biàn）儿。

5. 荒谬记忆法

在背诵《夜宿山寺》这首诗时，大部分同学要花 5 分钟才能把它背出来，可有一位同学只花了一分钟就背出来了，而且丝毫不差，这是什么原因呢？是不是这位同学聪明过人呢？在同学们疑惑时，他说出了背诵的窍门：这首诗有 4 句话，只要记住两个词："高手""高人"，并产生这样的联想：住在山寺上的人是一位"高手"，当然又是一位"高人"。背诵时，由每个词再想想每句诗，连起来就马上背诵出来了。看来，这位同学已经学会用奇特联想法来记忆了。

运用奇特联想法记忆古诗的例子很多，如：《古风》："春种一粒粟，秋收万颗子。四海无闲田，农夫犹饿死。"——"粟子甜（田）死了。"《咏柳》："碧玉妆成一树高，万条垂下绿丝绦。不知细叶谁裁出，二月春风似剪刀。"——"肉（玉）丝当然要用细刀来切。"

语文有时需要背诵大段大段的文字。背诵时，应先了解全段文字的大意，再把全段文字按意思分成若干相对独立的层。每层选出一些中心词来，用这些中心词联结周围一定量的句子。回忆时，以中心词把句子带出来，达到快速记忆的效果。如背诵鲁迅散文诗《雪》中的一段：

　　但是，朔方的雪花在纷飞之后，却永远如粉，如沙，他们决不粘连，撒在屋上、地上、枯草上，就是这样。屋上雪是早已就有消化了的，因为屋里居人的火的温热。别的，在晴天之下，旋风忽来，便蓬勃地奋飞，在日光中灿灿地生；光，如包藏火焰的大雾，旋转而且升腾，弥漫太空，使太空旋转而且升腾地闪烁。

　　我们把诗文分为3层，并提出3个中心词：

　　（1）如粉。大脑浮现北方的纷飞大雪撒在屋上、地上、枯草上的图像。因为如粉，所以决不粘连。

　　（2）屋上。使我们想到屋内人生火，屋顶雪融化的图像。

　　（3）晴天旋风。想象一个壮观的场面：旋风卷起雪花，在晴天之下，旋转的雪花反射着阳光，在日光中灿灿地生光，其必定如包藏火焰的大雾，旋转而且升腾。是大雾，当然弥漫太空。反射阳光的雪花使太空旋转而且升腾地闪烁。

　　这样从中心词引起想象，再根据想象进行推理，背这一段就感到容易了。

如何更好地掌握数学知识

　　学习数学重在理解，但一些基本的知识，还是要能记住，用时才能忆起。所以记忆是学生掌握数学知识、深化和运用数学知识的必要过程。因此，如何克服遗忘，以最科学省力的方法记忆数学知识，对开发学生智力、培养学生能力，有着重要的意义。

　　理解是记忆的前提和基础。尤其是数学，下面介绍几种在理解的前提下行之有效的记忆方法。

　　1．口诀记忆法

　　将数学知识编成押韵的顺口溜，既生动又形象，又印象深刻不易遗忘。如圆的辅助线画法：圆的辅助线，规律记中间；弦与弦心距，亲密紧相连；两圆相切，公切线；两圆相交，公交弦；遇切点，作半径，圆与圆，心相连；遇直径，作直角，直角相对（共弦）点共圆。又如"线段和角"一章可编成：

四个性质五种角，还有余角和补角；

两点距离一点中，角平分线不放松；

两种比较与度量，角的换算不能忘；

角的概念两种分，三线特征顺着跟。

其中 4 个性质是直线基本性质、线段公理，补角性质和余角性质；5 种角指平角、周角、直角、锐角和钝角；两点距离一点中，指两点间的距离和线段的中点；两种比较是线段和角的比较，三线是指直线、射线、线段。

不过在编写时，一定要注意实用性，不可追求形式、哗众取宠。

2. 联想记忆法

联想是感受到的新事物与记忆中的事物联系起来，形成一种新的暂时的联系。主要有接近联想、对比联想、相似联想等。特别是对某些无意义的材料，通过人为的联想、用有意义的材料作为记忆的线索，效果十分明显。如用"山间一寺一壶酒……"来记忆圆周率"3.14159……"等。

3. 对比记忆法

对比，即把相类似的问题放在一起进行比较，从中找出区别与联系，从而达到深刻记忆的目的，如和的平方与差的平方公式，立方和与立方差公式的对比记忆如下：

(1) $(a+b)^2 = a^2 + 2ab + b^2$

$(a-b)^2 = a^2 - 2ab + b^2$

(2) $(a+b)(a^2 - ab + b^2) = a^3 + b^3$

$(a-b)(a^2 + ab + b^2) = a^3 - b^3$

4. 联想记忆法

数学知识的记忆尽管以逻辑为主，但形象记忆也不可忽视。它通

常把抽象的概念、公式、定理形象化来帮助记忆。充分发挥想象，使抽象的概念变得形象化、生动化。采用此法，可以充分调动学习数学的兴趣，从而达到记忆的目的。如二次根式的性质 $\sqrt{a^2} = |a|$，针对学生历年出现的错误，可把它教给学生记成"房子外面太冷，出去要穿大衣"。这样把"$\sqrt{\ }$"想象成"房子"，"$|\ |$"想象成"大衣"。

5. 分类记忆法

把一章或某一部分相关的数学知识经过归纳总结后，把同一类知识归在一起，就容易记住，如："二次根式"一章就可归纳成 3 类，即"四个概念、四个性质、四种运算"。其中 4 个概念指二次根式、最简二次根式、同类二次根式、分母有理化；4 个性质是（$\sqrt{a^2} = a$，$a \geq 0$），$\sqrt{ab} = \sqrt{a} \cdot \sqrt{b}$（$a \geq 0$，$b \geq 0$），$\sqrt{\dfrac{a}{b}} = \dfrac{\sqrt{a}}{\sqrt{b}}$（$a \geq 0$，$b > 0$）和 $\sqrt{a^2} = |a|$ 4 种运算是二次根式的加、减、乘、除运算。

如何更好地掌握化学知识

和数学一样，要牢牢记住化学知识，就必须建立在对化学知识理解的基础上。在理解的基础上，青少年朋友可以尝试一下几种方法：

1. 简化记忆法

化学需要记忆的内容多而复杂，同学们在处理时易东扯西拉，记不全面。克服它的有效方法是：在理解的基础上，通过几个关键的字或词组成一句话，或分几个要点，或列表来简化记忆。这是记忆化学实验的主要步骤的有效方法。如，用 6 个字组成："一点、二通、三加热"，这一句话概括氢气还原氧化铜的关键步骤及注意事项，大大简化了记忆量。在研究氧气化学性质时，同学们可把所有现象综合起来分析、归纳得出如下记忆要点：第一，燃烧是否有火或火焰。第二，燃烧的产物是如何确定的（看到、嗅到或通过其他辅助实验）。第三，所有燃烧实验均放热。抓住这几点就大大简化了记忆量。氧气、氢气的实验室制法，同学们第一次接触，新奇但很陌生，不易掌握，可分如下几个步骤简化记忆。（1）原理：用什么药品制取该气体；（2）装置；（3）收集方法；（4）如何鉴别。如此记忆，既简单明了，又对以后学习其他气体制取有帮助。

2. 趣味记忆法

为了分散难点，提高兴趣，要采用趣味记忆方法来记忆有关的化学知识。如，氢气还原氧化铜实验操作要诀："氢气早出晚归，酒精灯迟到早退。前者颠倒要爆炸，后者颠倒要氧化。"针对需要记忆的化学知识利用音韵编成口诀，融知识性与趣味性于一体，读起来朗朗上口，易记易诵。如从细口瓶中向试管中倾倒液体的操作歌诀："掌向标签三指握，两口相对视线落。""三指握"是指持试管时用拇指、食指、中指握紧试管；"视线落"是指倾倒液体时要观察试管内的液体量，以防倾倒过多。

3. 编顺口溜记忆

初中化学中有不少知识容量大，记忆难，又常用，但很适合编顺口溜方法来记忆。如，学习化合价与化学式的联系时可记为"一排顺序二标价、绝对价数来交叉，偶然角码要约简，写好式子要检查。"再如刚开始学元素符号时可这样记忆：碳、氢、氧、氮、氯、硫、磷；钾、钙、钠、镁、铝、铁、锌；溴、碘、锰、钡、铜、硅、银；氦、氖、氩、氟、铂和金。记忆化合价也是同学们比较伤脑筋的问题，也可编这样的顺口溜：钾、钠、银、氢 +1 价；钙、镁、钡、锌 +2 价；氧、硫 −2 价；铝 +3 价。这样主要元素的化合价就记清楚了。

4. 归类记忆

对所学知识进行系统分类，抓住特征。如，记各种酸的性质时，首先归类，记住酸的通性，加上常见的几种酸的特点，就能知道酸的化学性质。

5．对比记忆

对新旧知识中具有相似性和对立性的有关知识进行比较，找出异同点。

6．联想记忆

把性质相同、相近、相反的事物特征进行比较，记住它们之间的区别联系，再回忆时，只要想到一个，便可联想到其他。如，记酸、碱、盐的溶解性规律，不要孤立地记忆，要扩大联想。

一些化学实验或概念可以用联想的方法进行记忆。在学习化学过程中应抓住问题特征，如记忆氢气、碳、一氧化碳还原氧化铜的实验过程可用实验联想，对比联想。再如将单质与化合物两个概念放在一起来记忆："由同（不同）种元素组成的纯净物叫做单质（化合物）。"

7．关键字词记忆

这是记忆概念有效方法之一，在理解基础上找出概念中几个关键字或词来记忆整个概念，如，能改变其他物质的化学反应速度（一变）而本身的质量和化学性质在化学反应前后都不变（二不变），这一催化剂的内涵可用："一变二不变"几个关键字来记忆。

8．形象记忆法

借助于形象生动的比喻，把那些难记的概念形象化，用直观形象去记忆。如核外电子的排布规律是："能量低的电子通常在离核较近的地方出现的机会多，能量高的电子通常在离核较远的地方出现的机会多。"这个问题是比较抽象的，不是一下子就可以理解的。

9．总结记忆

将化学中应记忆的基础知识，总结出来，写在笔记本上，使得自己记忆目标明确、条理清楚便于及时复习。如将课本前四章记忆内容概括出来；27 种元素符号的写法、读法；按顺序记忆 1～10 号元素；地壳中几种元素的含量；元素符号表示的意义；原子结构示意图及离子结构示意图的画法；常见的化学式及其表示的意义；前四章化学方程式。

如何更好地掌握历史知识

大多数的青少年都会对历史课产生浓厚的兴趣，因为它的内容，纵贯古今，横揽中外，涉及经济、政治、军事、文化和科学技术等各个领域的发展和演变。但也由于历史内容繁杂，时间跨距大，记起来有一定的困难。所以很多人都有一种"爱上课，怕考试"的心理。这里介绍几种记忆历史知识的方法，帮助青少年克服这种困难，较快地掌握历史知识。

1. 归类记忆法

采取归类记忆法记忆历史，使知识条理化、系统化，不仅便于记忆，而且能培养自己的归纳能力。这种方法一般用于历史总复习效果最好。

青少年可以按以下几种线索进行归类：

（1）按不同时间的同类事件归纳

比如，我国古代八项著名的水利工程、近代前期西方列强连续发动的 5 次大规模侵华战争、20 世纪 30 年代日本侵略中国制造的 5 次事变、新航路开辟过程中的 4 次重大远航、"二战"中同盟国首脑召开的 4 次国际会议、中国工农红军 5 次反"围剿"、中国共产党召开的 15 次代表大会，等等。

（2）把同一时间的不同事件进行归纳

如，1927 年：上海工人第三次武装起义、"四·一二"反革命政变、李大钊被害、"马日事变"、"七·一五"反革命政变、"宁汉合流"、南昌起义、"八七"会议、秋收起义、井冈山革命根据地的建立、广州起义。

归类记忆法既有利于牢固记忆历史基础知识，又有利于加深理解历史发展的全貌和实质。

2. 比较记忆法

历史上有很多经常发生的性质相同的事件，如农民战争、政治改革、不平等条约等等。这些事件有很多相似的地方，在记忆的时候，中学生很容易把它们互相混淆。这时候采取比较记忆是最好的方法。比较，可以明显地揭示出历史事件彼此之间的相同点和不同点，突出它们各自的特征，便于记忆。但是，比较不能简单草率，要从各个方面、各个角度去细心进行，尤其重要的是要注意搜求"同"中之"异"和"异"中之"同"。如，中国的抗日战争期间，国共两党的抗战路线比较。郑和下西洋与新航路的开辟的比较。德、意统一的相同与不同的比较。对两次世界大战的起因、性质、规模、影响等进行比较，中国与西欧资本主义萌芽的对比，中国近代三次革命高潮的异同等。

用比较法记忆历史知识，既能牢固记忆，又能加深理解，一举两得。

3. 歌谣记忆法

一些历史基础知识适合用歌谣记忆法记忆。例如，记忆中国工农红军长征路线：湘江、乌江到遵义，四渡赤水抛追敌，金沙彝区大渡河，雪山草地到吴起。中国朝代歌：夏商西周继，春秋战国承；秦汉后新汉，三国西东晋；对峙南北朝，隋唐大一统；五代和十国，辽宋并夏金；元明清三朝，统一疆土定。

应当注意的是，编写的歌谣，形式必须简短齐整，内容必须准确全面，语言力求生动活泼。

4. 图表记忆法

图表记忆法的特点是借助图表，加强记忆的直观效果，调动视觉功能，去启发想象力，达到增强记忆的目的。

秦、唐、元、明、清的疆域四至，可画直角坐标系。又如隋朝大运河图示，太平天国革命运动过程图示，中国工农红军长征过程图示，等等。

如，

五次大规模侵略战争表

战争名称	时间	侵略国	战争原因	经过	影响
鸦片战争					
第二次鸦片战争					
中法战争					
中日甲午战争					
八国联军侵华战争					

通过这张表格，可以清楚地看出资本主义国家在侵华战争中侵略的不断深入，也容易比较出不同战争给中国带来的影响。

从上面的例子可以看出，运用表格记忆历史事件，一目了然，便于抓住事件的特点，使印象深化。

5. 巧用数字记忆法

历史年代久远，几乎每年都有不同的大事发生。如果要对历史有一个全面的了解，就必须记住年代。但历史年代本身枯燥乏味，难于记忆。有些历史年代，如封建社会起止年代，只能死记硬背。但也有些历史年代，可以采用一些好的方法。

（1）抓住年代本身的特征记忆

比如，蒙古灭金，1234 年，4 个数字按自然数顺序排列。

（2）抓重大事件间隔距离记忆

比如，第一次国内革命战争失败，1927 年；抗日战争爆发，1937 年；中国人民解放军转入反攻，1947 年。三者相隔都是 10 年。

（3）抓重大历史事件的因果关系记年代

比如，1917 年十月革命，革命制止战争，1918 年第一次世界大战结束；巴黎和会拒绝中国的正义要求，成为 1919 年"五四"运动的导火线；"五四"运动把新文化运动推向新阶段，传播马克思主义成为主流，1920年共产主义小组出现；马克思主义同工人运动相结合，1921年中国共产党诞生。

（4）概括为一二三四五六来记

比如，隋朝的大运河的主要知识点：一条贯通南北的交通大动脉；用了200万人开凿，全长两千多公里；三点，中心点是洛阳、东北到涿郡、东南到余杭；四段是永济渠、通济渠、邗沟和江南河；连接五条河：海河、黄河、淮河、长江和钱塘江；经六省：冀、鲁、豫、皖、苏、浙。

（5）分时间段记忆

比如，"二战"后民族解放运动，分为3个时期，第一时期时间为1945年至20世纪50年代中，第二时期为20世纪50年代中至20世纪60年代末，第三时期为20世纪70年代初至现在。将其概括为3个数，即10、15、20多；因是"二战"后民族解放运动，记住"二战"结束于1945年，那么按10、15、20多3个数字一排，就可牢固记住每个时期的时间了。

6．规律记忆法

历史发展有其规律性。提示历史发展的规律，能帮助记忆。例如，重大历史事件，我们都可以从背景、经过、结果、影响等方面进行分析比较，找出规律。如，资产阶级革命爆发的原因虽然很多，但其根源无非是腐朽的封建政权严重地阻碍了资本主义的发展。

在学习过程中，我们可以寻找具有规律性的东西，如，在资产阶级革命过程中，英国、法国、美国三国资产阶级革命爆发的原因都是：反动的政治统治阻碍了国内资本主义的发展，要发展资本主义，就必须起来推翻反动的政治统治。而三国的革命，又都有导火线、爆发标志、主要领导人、文件的颁布等。在发展资本主义方式上，俄国和日本都是通过自上而下的改革来完成的，意大利和德意志则是通过完成国家统一来进行的。

7．荒谬记忆法

想法越奇特，记忆越深刻。如，民主革命思想家陈天华有两部著作《猛回头》《警世钟》，记法为一边想"一个叫陈天华的人猛回头撞响了警世钟，一边做转头动作，同时发出钟声响"。军阀割据时，曹锟、段祺瑞控制的地盘及其支持者可联想为"曹锟靠在一棵日本梨（直隶）树（江苏）上，饿（鄂——湖北）得快干（赣——江西）了。段祺瑞端着一大碗（皖——安徽）卤（鲁——山东）面（闽——福建），这（浙江）也全靠日本撑着呀！"

当然，记忆的方法多种多样，还有直观形象记忆法、联系实际记忆法、分解记忆法、重复记忆法、推理记忆法、信号记忆法、卡片记忆等等。在实际学习中，要根据自己的实际情况，选择适合自己的记忆方法。只要大家掌握了其中的一种甚至几种方法，学习历史就不再是可望而不可即的事了。

如何更好地掌握物理知识

物理记忆主要以理解为主，在理解的基础上我们在这里简单介绍几种物理记忆方法。

1. 观察记忆法

物理是一门实验科学，物理实验具有生动直观的特点，通过物理实验可加深对物理概念的理解和记忆。例如，观察水的沸腾。

（1）观察水沸腾发生的部位和剧烈程度可以看到，沸腾时水中发生剧烈的汽化现象，形成大量的气泡，气泡上升、变大，到水面破裂开来，里面的水蒸气散发到空气中，就是说，沸腾是在液体内部和表面同时进行的剧烈的汽化现象。

（2）对比观察沸腾前后物理现象的区别。沸腾前，液体内部形成气泡并在上升过程中逐渐变小，以至未到液面就消失了；沸腾时，气泡在上升过程中逐渐变大，达到液面破裂。

（3）通过对数据定量分析，可以得出沸腾条件：①沸腾只在一定的温度下发生，液体沸腾时的温度叫沸点；②液体沸腾需要吸热。以上两个条件缺少任何一个条件，液体就不会沸腾。

2. 比较记忆法

把不同的物理概念、物理规律，特别是容易混淆的物理知识，进行对比分析，并把握住它们的异同点，从而进行记忆的方法叫作比较记忆法。例如，对蒸发和沸腾两个概念可以从发生部位、温度条件、剧烈程度、液化温度变化等方面进行对比记忆。又如串联电路和并联电路，可以从电路图、特点、规律等方面进行记忆。

3. 图示记忆法

物理知识并不是孤立的，而是有着必然的联系的，用一些线段或有箭头的线段把物理概念、规律联系起来，建立知识间的联系点，这样形成的方框图具有简单、明了、形象的特点，有助于我们对知识的理解和记忆。

4. 浓缩记忆法

把一些物理概念、物理规律，根据其含义浓缩成简单的几个字，编成一个短语，以便记忆。例如，记光的反射定律时，把涉及的点、线、面、角的物理名词编成一点（入射点）、三线（反射光线、入射光线、法线）、一面（反射光线、入射光线、法线在同一平面内）、二角（反射角、入射角）短语来加深记忆。

记凸透镜成像规律时，可用"一焦分虚实，二焦分大小""物近、像远、像变大"短语来记忆。即当凸透镜成实像时，像与物是朝同方向移动的。当物体从很远处逐渐靠近凸透镜的一倍焦距时，另一侧的实像也由一倍焦距逐渐远离凸透镜到大于二倍焦距以外，且像距越大，像也越大，反之亦然。

5. 口诀记忆法

如，力的图示法口诀

你要表示力，办法很简单。选好比例尺，再画一段线，

长短表大小，箭头示方向，注意线尾巴，放在作用点。

物体受力分析：

施力不画画受力，重力弹力先分析，摩擦力方向要分清，多、漏、错、假须鉴别。

牛顿定律的适用步骤：

画简图、定对象、明过程、分析力；选坐标、作投影、取分量、列方程；求结果、验单位、代数据、作答案。

6. 三多法

所谓"三多"，是指"多理解，多练习，多总结"。多理解就是紧紧抓住课前预习和课上听讲，要认真听懂；多练习，就是课后多做习题，真正掌握；多总结，就是在考试后归纳分析自己的错误、弱项，以便日后克服，真正弄清自己的优势和弱点，从而明白日后听课时应多理解什么地方，课下应多练习什么题目，形成良性循环。

7. 试验记忆法

下面介绍一些行之有效的物理实验复习法：

（1）通过现场操作复习

把试验仪器放在试验桌上，根据试验原理、目的、要求进行现场操作。

（2）通过信息反馈复习

就那些在试验过程中发生、发现的问题进行共同讨论，及时纠错，达到复习巩固物理概念的目的。

（3）通过是非辨析复习

在试验复习中有意在仪器的连接或安装、试验的步骤、读数记数等方面设置一些错误，目的是让自己分辨是非，明确该怎么做好某个试验。

（4）通过联系复习

在复习某一个试验时，可以把与之相关的其他试验联系起来复习。

如何更好地掌握地理知识

地理是中学课程中的重要部分，它涉及资源、能源、农业、工业等各方面。在每年高中地理会考中占60%。地理知识文多图少、枯燥乏味，学生也是觉得好学难记。针对这种现象，我们简单介绍几种记忆方法：

1. 口诀记忆法

例1：地球特点：赤道略略鼓，两极稍稍扁。自西向东转，时间始变迁。南北为纬线，相对成等圈。东西为经线，独成平行圈；赤道为最长，两极化为点。例2：气温分布规律：气温分布有差异，低纬高来高纬低；陆地海洋不一样，夏陆温高海温低，地势高低也影响，每千米相差6℃。

2. 图像记忆法

用图像记忆法揭示地理事物现象或本质特征，可以激发中学生跳跃式思维，加快记忆。这种方法多用于记忆地理事物的分布规律、记忆地名、记忆各种地理事物特点及它们之间相互影响等知识。例如，高中地理下册第七章第二节中的我国煤炭资源分布，主要有山西、内蒙古、陕西、河南、山东、河北等等，省区名称多，很难记。可以用图像记忆法读图，在图上找到山西省，明确山西省是我国煤炭资源最丰富的省，再结合我国煤炭资源分布图，找出分布规律：它们以山西省为中心，按逆时针方向旋转一周，即可记住这些省区的名称，陕西以北是内蒙古、以西是陕西、以南是河南、以东是山东和河北。接着，在图上掌握我国煤炭资源还分布在安徽和江苏省北部，以及边远省区的新疆、贵州、云南、黑龙江。

3. 分解记忆法

分解记忆法就是把繁杂的地理事物进行分类，分解成不同的部分，便于逐个"歼灭"的一种记忆方法。如在高中地理下册第十章第一节中，要记住人口超过 1 亿的 10 个国家：中国、印度、美国、印度尼西亚、巴西、俄罗斯、日本、孟加拉国、尼日利亚和巴基斯坦，单纯死记硬背很难记住，且容易忘记。采用分解记忆法较易掌握，即在熟读这 10 个国家的基础上分洲分区来记：掌握北美、南美、欧洲、非洲有一个：分别是美国、巴西、俄罗斯、尼日利亚。其余 6 个国家是亚洲的。亚洲的又可分为 3 个地区，属东亚的是中国、日本；属东南亚的有印度尼西亚；属南亚的有印度、孟加拉国、巴基斯坦。

4. 表格记忆法

就是把内容容易混淆的相关的地理知识，通过列表进行对比而加深理解记忆的一种方法。它用精练醒目的文字，把冗长的文字叙述简化，使条理清晰，能对比掌握有关地理知识。例如，世界三次工业技术革命，可通过列表比较它们的年代、主要标志、主要工业部门和主要工业中心，重点突出，一目了然。这种方法有利于提高学生的概括能力，开拓学生的求异思维，强化应变能力，提高理解记忆。

5. 归纳记忆法

就是通过对地理知识的分类和整理，把知识联系在一起，形成知识结构，以便记忆的方法。它使分散的趋于集中，零碎的组成系统，杂乱无章的变得有条不紊。例如，要记住我国的土地资源、生物资源、矿产资源的特点，可归纳它们的共同之处是类型多样、分布不均；再记住它们不同的特点，就可以把土地资源、生物资源和矿产资源的特点全掌握了。

6. 形象记忆

地理知识的形象记忆是相对于语义记忆而言的，是指学生通过阅读地图和各类地理图表、观察地理模型和标本、参加地理实地考察和实验等途径所获得的地理形象的记忆。如学习"经线"和"纬线"这两个概念，学生观察经纬仪后，便能在头脑中形成经纬仪的表象，当需要时，头脑中的经纬仪表象便能浮现在眼前，以至将"经线"和"纬线"概念正确地表述出来，这就是形象记忆。由于地理事物具有鲜明、生动的形象性，所以形象记忆是地理记忆的重要方法之一。尤其当形象记忆与语义记忆有机结合时，记忆效果将成倍增加。

7. 比喻记忆法

把所要记忆的地理知识与人们熟知的相关知识联系起来完成记忆的方法。科学、准确的比喻记忆能够使抽象的内容具体化、枯燥的内容趣味化、复杂的内容简单化。例如，记忆气压带、风带的季节移动时，可比喻为燕子的季节迁徙。记忆太阳系九大行星中卫星数最多的行星——土星时，可以将其比作土霸王。

8. 谐音记忆法

把需要记忆的地理知识通过谐音组合到一块，然后联想创造出一种意境的记忆方法。如黑色金属主要包括铁、铬、锰等，可以采用"铁哥们"作谐音记忆。又如类地行星主要成分是氢、氖、氦，可以采用"勤奶孩子"作谐音记忆。

9. 荒谬记忆法

荒谬记忆法指利用一些离奇古怪的联想方法，把零散的地理知识串到一块在大脑中形成一连串物象的记忆方法。通过奇特联想，能增强知识对我们的吸引力和刺激性，从而使需要记忆的内容深刻地烙在脑海中。如柴达木盆地中有矿区和铁路，记忆时可编成"冷湖向东把鱼打（卡），打柴（大柴旦）南去锡山（锡铁山）下，挥汗（察尔汗）砍得格尔木，火车运送到茶卡。"

总之，地理记忆的方法多种多样，中学生根据不同的地理知识采取不同的记忆方法就可以达到记而不忘、事半功倍的效果。

如何更好地掌握政治知识

政治记忆的方法有很多种，这里简单介绍几种方法：

1. 谚语记忆法

谚语记忆法就是运用民间的谚语说明一个道理的记忆方法。

采用这种记忆方法的好处是：

（1）可激发自己的学习兴趣，促进学习的积极性，变厌学为爱学，变被动学习为主动学习。

（2）可拓宽自己的思路，提高自己思维的灵活性。

（3）能培养自己一种好的学习习惯，通过刻苦钻研，从而在自己的学习过程中克服一个个难题。

采用这种记忆法应注意以下几点：

第一，谚语与原理联系要自然，千万不能生造谚语，勉强凑合。

第二，谚语所说明的原理要注意准确性，千万不能乱搭配，不然就会谬误流传。

第三，谚语应是所熟悉的，这样才能便于自己的记忆。

例如，"无风不起浪""城门失火，殃及池鱼"……说明事物之间是相互联系的，是唯物辩证法的联系观点。

如"山外青山楼外楼，前进路上无尽头""刻舟求剑"等这些都说明了事物都是处于不停的运动、发展之中的，运动是绝对的，静止是相对的，这是唯物辩证法发展的观点。

2. 自问自答法

自己当教师提问，自己又作为学生对所提问题进行回答的方法，称之为"自问自答法"。

在学习过程中，对一些最基本的问题就可以用"自问自答法"进

行。例如，

问：商品的两个基本属性是什么？

答：是使用价值和价值。

问：货币的本质是什么？它的两个基本职能是什么？

答：货币的本质是一般等价物。价值尺度、流通手段是它的两个基本职能。

自问自答法不仅可以用于基本概念和基本原理的学习中，对于一些较复杂的知识的学习也可用此法进行，而且效果很好。

比较复杂的学习内容，经过自问自答，就会条理清晰，便于记忆和理解。所以，"自问自答法"是一种比较常用的理想的记忆方法。

3. 举一反三法

在学习过程中，对某个问题进行重复学习以达到记忆的目的的方法称为举一反三法。

"举一反三"的记忆方法并不是说对同一问题简单重复二至四次，而是指对同一类问题从不同的角度，反复进行学习、练习、讨论，这样才能使我们较牢固地掌握知识，思维也较开阔，才能学得活、学得好、记得牢。

如对商品这一概念的理解，我们运用"举一反三法"，真正掌握了任何商品都是劳动产品，但只有用于交换的劳动产品才是商品；商品的价值是凝结在商品中无差异的人类劳动，如1件衣服能和3斤大米交换，是因为它们的价值是相等的。千差万别的商品之所以能够交换，是它们都有价值，有价值的物品一定有使用价值……如此从多种角度反复进行，就能牢固地掌握商品的基本概念及与它相关的一些因素，使我们真正获得知识，吸取精华。

4. 理清层次法

要善于把所学习的基本概念和原理进行分析，找出每一个层次的主要意思，这样就便于我们熟记了。

例如，我们学习"法律"这一基本概念，用"理清层次法"就较为科学。这个概念我们可以分解成这么几个部分：（1）它是反映统治阶级的意志，维护统治阶级的根本利益的（法律不维护被统治阶级的利益）；（2）由国家制定或认可的（没有这一点，就不能称其为法律）；（3）用国家强制力的特殊的行为规则（国家通过法庭、监狱、军队来保证执行）。采用这种理清层次的方法，不仅便于熟记这一概念，而且不易忘记。

5. 规律记忆法

这种学习方法就是要我们在学习中，注意找到事物的规律，以帮助我们牢记。在基本原理的熟记中，这种学习方法可谓最佳方法。

例如我们根据对立统一规律就能熟记：内因和外因、主要矛盾和次要矛盾、矛盾的主要方面和次要方面、矛盾的特殊性和普遍性、量变和质变、新事物和旧事物等都会在一定的条件下互相转化。

"规律性记忆法"能以最少的时间熟记最多的知识。在政治课的学习中，如果能把上面介绍的几种学习方法融会贯通、交替使用，无疑对提高学习效果是有积极意义的。

第十一章

科学地使用大脑

遵循大脑的活动规律

现代神经科学家认为，人脑潜能很大，一般人只是用了其中的少部分能量，还有相当大的潜能没有被开发利用。因此，只要科学用脑，就能不断开发脑力，充分发挥大脑在学习和实践中的作用，提高效率。科学用脑，就是要按照大脑神经活动的特点和规律办事，对开发智力，对于我们增强记忆力具有重要意义。

脑和人体的其他器官一样，遵循"用进废退"的原则。只要合理使用，不仅不会把大脑用坏，而且会越用越灵活，越用越出智慧。美国科学家富兰克林说："懒惰像锈一样，比操劳更能消耗身体，经常用的钥匙总是闪闪发光的。"英国神经生理学家科斯塞利斯和米勒通过脑电波的研究发现，随着年龄的增长，脑电波的波形会发生变化，会出现老化波形。然而从事非脑力劳动的人比从事脑力劳动的人出现老化波形更早。他们的结论是，人们的大脑受训练越少衰老越快，勤于用脑可以延缓大脑的老化速度。

另外，要准确把握用脑的最佳时间。科学用脑就是要掌握大脑的活动规律，在大脑的最佳活动时间用脑。这样人们的学习和工作效率就会大大提高。所谓用脑的最佳时间，是指一个人精力充沛、脑细胞处于高度兴奋状态的时间段。人们的生理节律不是统一的，各自的最佳用脑时间不尽相同，有的人上午大脑活动特别有效，学习、工作精力充沛，有的人则在其他时间工作效率更高。然而，就人的大脑活动的普遍运动规律而言，每天，大脑记忆有 3 次高潮时段：第一个高潮段是早上 6 时至 7 时，第二个高潮段是上午 8 时至 10 时，第三个高潮段是晚上 9 时到 11 时。有的人的最佳记忆时间偏重于第一和第二个大脑记忆高潮，有的人则偏重于第二和第三个，有的人则偏重于第一和第三个。如果在这几个时间段进行学习，肯定会提高学习效率。

注意科学掌握用脑的最佳时间，并不是说只在最佳时间用脑，而是说在组织各种活动时，要不失最佳用脑时机，依据大脑一天记忆的最佳时间合理安排不同类型的活动。比如，在日常学习和工作中，把复杂的脑力劳动如理论学习、高深知识的记忆和创造性活动尽量安排在最佳记忆时间段来进行，而把一般性、重复性或体力劳动安排在大脑的非最佳记忆时间来进行。

心理学家认为，记忆是一个过程，并且当你记忆的时候，实际上就是你把保存在大脑中零零碎碎的信息进行重建。科学家证实，以下几种方法可以帮助你的大脑得到合理的使用：

（1）大脑喜欢色彩，颜色能帮助记忆。

（2）大脑集中精力最多只有25分钟，所以学习20到30分钟后就应该休息10分钟。

（3）大脑需要休息，才能学得快，记得牢。如果你感到很累，就要先休息。

（4）大脑像发动机，它需要燃料。英国一项新研究显示，饮食结构影响你的智商。

（5）大脑需要水。专家建议，日常生活要多喝水，保持身体必需的水分，而且一天最好不要饮用相同的饮料，可以交换着喝矿泉水、果汁和咖啡等。另外，研究资料显示，经常性头痛和脱水有关。

（6）当你在学习或读书过程中提出问题的时候，大脑会自动搜索答案，从而提高你的学习效率。从这个角度说，一个好的问题胜过一个答案。

（7）大脑和身体有它们各自的节奏周期。一天中大脑思维最敏捷的时间有几段，如果你能在大脑功能最活跃的时候学习，就能节省很多时间，会取得很好的学习效果。

（8）如果身体很懒散，大脑就会认为你正在做的事情一点都不重要，大脑也就不会重视你所做的事情。所以，在学习的时候，你应该端坐、身体稍微前倾，让大脑保持警觉。

（9）气味影响大脑。香料对保持头脑清醒有一定功效。薄荷、柠檬和桂皮都值得一试。

（10）大脑需要氧气。经常到户外走走，运动运动身体。

（11）尽量在一个宽敞的地方学习，这对你的大脑有好处。

（12）接受了安排外部环境的训练后，大脑学会了组织内部知道的技巧，你的记忆力会更好。

（13）当你受到压力时，体内就会产生皮质醇，它会杀死海马状突起里的脑细胞，而这种大脑侧面脑室壁上的隆起物在处理长期和短期记忆上起主要作用。因此，压力影响记忆。最好的方法就是锻炼。

（14）大脑并不知道你不能做哪些事情，所以需要你告诉它。用自言自语的方式对大脑说话，但是不要提供消极信息，用积极的话代替它。

总之，要提高大脑的活动效率，就要遵循大脑活动规律。既要积极地使用大脑，又要科学地保护大脑，做到事业和大脑的发展相得益彰。

保证适当的睡眠

如果睡眠质量不高，大脑就得不到足够的休息，结果会影响你在睡眠中的大脑对记忆信息的处理。有一个实验证明，快波睡眠与电休克一样，影响短时记忆向长时记忆的转化，也影响记忆的保持。实验还证明，学习之后的睡眠将对记忆产生良好的影响，对于记忆有着重要的作用。研究指出，睡眠的形式和数量是记忆巩固的决定因素，人在紧张的学习活动之后，快波睡眠的时间和比例明显增高，动物在学习之后快波睡眠也明显增加，慢波睡眠则无变化。这些都说明，快波睡眠在信息加工、记忆保持和巩固的学习活动中起着重要作用。所以，我们在学习活动之后，很好地睡眠，是促进学习、提高学习效果的必要条件。在日常生活中，有人错误地认为，睡眠把学过的东西都给忘了，只有用过量时间学习，用尽可能少量的时间睡眠，才能增加学习效果，这是一种违反科学的做法。

有一位生物学家不相信睡眠的重要性，他认为睡眠只是人类的一种坏习惯，睡多睡少关系不大，他自愿作为剥夺睡眠的研究对象，让他的学生监视，不准他睡眠。他 240 小时不睡眠，经检查，这时身体方面影响不大，然而精神方面发生了显著变化。他的注意力很难集中，情绪焦躁不安。

睡眠对于学习如何起作用，有些科学家作了通俗解释，他们认为：对于人来说，已经学过的东西，必须通过睡眠阶段，使之不断进行组织安排，才能使知识化为己有，也才能使新知识与旧知识结合起来，成为牢固的长时记忆。

苏联睡眠生理学家 A. M. 魏因教授写道："形象地说，白天填满的是短时记忆，而到了夜间，头脑中包含的信息（不是全部）就慢慢地转为永久记忆。"

很明显，任何一种能提高你睡眠质量的方法，无疑对你的记忆都会有很大的帮助。下面列出的是经过实践证明有效的保证睡眠的方法。

1. 注意饮食

你在上床时不要吃得过饱，也不能觉得饿。消化需要能量，会干扰你的睡眠。吃得太饱会影响你的睡眠，饿肚子同样会让你无法入睡。

2. 睡前避免刺激

避免睡觉前饮用刺激性的饮品，像茶和咖啡之类，还有可乐、巧克力等含有咖啡因的东西。也不要吃一些有刺激性的药品。睡觉前也不要剧烈运动。

3. 控制饮酒

酒精也会影响你的睡眠。有人可能会说酒让他们觉得昏昏欲睡，很容易入睡，但是酒精会影响大脑的深层次睡眠，让大脑得不到应该得到的休息。

4. 按生物钟作息

按时起床，按时睡眠，调整自己的生物钟。每天在同一个时间起床，不管你睡了几个小时。

5. 养成睡觉前做固定的事情的习惯

比如看书，听点轻音乐等。每天入睡之前做同样的事情，避免做过于刺激的事情。

6. 多让眼睛接触光线

盲人的睡眠问题是正常人的两倍，那是因为他们的眼睛无法接触光线，不能借助光线来调整他们的生物钟。如果正常人总是在户内活动，他们也会有很多的睡眠障碍。当在白天变短的季节里，阳光便少了，人们会有更多的睡眠问题。吃午饭的时候，或是学习之余出去走走。白天的阳光和夜晚的睡眠是阴阳相承的。

合理饮食是记忆力的保障

我们在第一章已经提到，饮食会影响一个人的记忆力。虽然目前科学家还没有研制出绝对的增进记忆的食物，但是食物和记忆力的关系是不容忽视的。韩国的金雄镕是个智商为 210 的记忆天才，他出生后 100 天即能开始说简单的词语；5 个月时开始记忆动植物的名称；从第 8 个月时便开始正式学习；3~4 岁时，已熟练地掌握了英语和德语；在数学方面，陆续学会了方程式、三角函数、几何、微积分等知识。以至 5 岁便进入汉阳大学学习。他罕见的才能，轰动了全世界。金雄镕的母亲在笔记中介绍了他的饮食生活特点："每天吃两顿饭，时间是早上 9 时与晚上 9 时，从不在下午 3—4 时吃加餐。除了面粉、米饭等主食外，他特别喜欢吃的副食是蔬菜类。水果是给他吃时他才吃，此外不再吃其他东西。我们做父母的则较多地注意他的精神卫生。"

现代的科学家则对各种元素在健康及记忆中所扮演的角色有不同的看法。例如，同时期若能摄取适量的铁、矿物质、维生素以及蛋白质会对记忆有帮助，而过多的糖类及食物添加剂不利于记忆。水分的摄取对记忆系统也是相当重要的。研究证实，脱水会影响记忆。

如果想从食物中获得最好的记忆力，专家建议均衡的饮食是上上之策。各类乳制品、淀粉、蔬菜、水果、海鲜、猪牛肉、鸡肉等都是理想的食物。

而同样有很多食物是不利于提升记忆力的，如，

火鸡肉富含色氨酸（tryptophan），这种氨基酸具有催眠的功能，它会影响你的记忆力。

糖也是记忆的杀手。摄取糖分会促使胰腺分泌胰岛素，这是分解糖的必需激素，如此糖才能被正确代谢。突然吃进糖会使胰脏失控，它要制造大量胰岛素才能满足生理需求。然后，你的记忆力会突然慢下来，所以记忆之前少吃糖。

咖啡和茶中的咖啡因虽可以让人清醒并集中注意力，但也会因兴

奋过度而影响记忆力。

另一方面，酒类则有与咖啡相反的效果，它会使神经传导物麻木，于是你就思考得较慢，虽然咖啡与酒类对你的记忆都具有某种可能是短期的益处，但在不影响长期记忆的前提下，还是应尽量少喝它们。

若想提升记忆力，吃的食物就该富含卵磷脂。卵磷脂是个磷脂体，它是一种脂肪。卵磷脂含胆碱，是脑中许多神经传导物的成分之一，是构成思想与记忆的基础。卵磷脂会促使你想得更快、更有效率。智商在 150～200 的天才人士，其脑中卵磷脂的含量多得不可思议。富含卵磷脂的食物有：豆浆、内脏与麦芽。

某些中草药对脑的功用及记忆有正面效果。有种神奇草药在中国与欧洲已被使用几世纪，它叫作银杏。银杏树提炼的某种成分能促进大脑氧的运作，使你头脑更清晰，并由心智上实现脑力与记忆功能。

对于需要迅速提升记忆的人，瓜拉那（guarana，巴西野茶膏）是个选择。瓜拉那是种草药，通常它具有与咖啡因同样的正面效果，但不会有喝了咖啡而产生的焦虑感。

我们还应该多吃水果，特别是含葡萄糖较多的浆果，如葡萄、草莓等。还要保证足够的蛋白质营养，每天摄入足够的蛋白质对促进身体发育和智力发育都有好处。平时，中学生每日需要蛋白质 60～80 克，如果处于复习考试期间，则可适当增加一些。蛋白质以动物性食品，如奶、蛋、鱼、肉中的蛋白质为佳。大豆蛋白也是优质蛋白，所以多吃些豆制品很有必要。

另外，有一些食品和饮料也能增强记忆力，防止记忆力减退。

比如，我们常见的紫菜含有丰富的维生素和矿物质，特别是维生素 B_{12}、B_1、A、C、E 等。它所含的蛋白质与大豆差不多，是大米的 6 倍，维生素 A 约为牛奶的 67 倍，核黄素比香菇多 9 倍，维生素 C 为卷心菜的 70 倍，还含有胆碱、胡萝卜素、硫胺素，可起到补肾养心、降低血压、促进人体代谢等多种功效。不仅如此，因为紫菜中含有较丰富的胆碱，常吃紫菜对记忆衰退就会有改善作用。

　　总之，为了提升记忆力，青少年应该重视自己的饮食，良好的饮食习惯是成就天才记忆力的基本条件。